はばたけ！観光立国

インバウンド4000万人時代の 国 地方 空港

監修
山内弘隆

特別座談会
林　幹雄
（自由民主党幹事長代理／
自由民主党観光立国調査会長）

森田　実
（政治評論家）

山内弘隆
（一橋大学大学院商学研究科教授）

時評社

目　次

〈発刊に寄せて〉
　二階俊博（自由民主党幹事長）……………………………………………… 6

〈序文〉
　インバウンド4000万人時代の国、地方、空港
　　山内弘隆（一橋大学大学院商学研究科教授）……………………………… 9

〈国の取り組み〉
　国土交通省航空局
　　「明日の日本を支える観光ビジョン」について……………………………20

　観光庁
　　「観光先進国」の実現に向けて ………………………………………………30

〈特別座談会〉
　真の観光立国実現のために、全国空港の機能強化を
　　──空港を拠点に、地域全体に資する産業化の構築を目指す──
　　林　幹雄（自由民主党幹事長代理、自由民主党観光立国調査会長）／森田
　　実（政治評論家）／山内弘隆（一橋大学大学院商学研究科教授）…………39

〈知事が語る観光による地方創生〉
　北海道知事　高橋はるみ
　　「北海道ブランド」を武器に観光客500万人を実現
　　──空港の一括民営化にも期待……………………………………………68

千葉県知事　森田健作
地域住民の声をしっかりと受け止め、
地域に支えられた成田空港に………………………………………76

福岡県知事　小川　洋
福岡・北九州のインバウンド増加を目指し、福岡空港および
北九州空港両空港の機能分担を進め、相互に補完しながら九
州ゲートウェイの役割と責任を果たす…………………………84

〈観光の新たな潮流〉
　公益社団法人　日本観光振興協会理事長　久保成人
　真の観光立国実現のために………………………………………94

　一般社団法人　中央日本総合観光機構
　戦略的なマーケティングとメディア連携によって、
　セントラル・ジャパン（中央日本）ブランドを創り出す……104

　一般社団法人　せとうち観光推進機構
　瀬戸内ブランドの確立で"地域再生と成長循環"の実現を
　──民間の手法と行政の役割を兼備した観光DMOとして…………114

〈空港の取り組み〉
　成田国際空港株式会社
　空港は「日本観光のゲート」へ…………………………………124

　中部国際空港株式会社
　中部地域の顔となる魅力的な空港へ……………………………132

関西エアport株式会社／新関西国際空港株式会社
民営化2年、関西国際空港・大阪国際空港の魅力を最大限に
高める ……………………………………………………………… 140

日本空港ビルデング株式会社
首都TOKYOの顔として観光とビジネスを支える空港へ …… 148

新千歳空港ターミナルビルディング株式会社
地域と連携し、北海道発展のために空港が果たせる役割を
見据えていく ……………………………………………………… 156

福岡空港ビルディング株式会社
観光立国実現に向けた福岡空港の取り組みについて ………… 164

那覇空港ビルディング株式会社
那覇空港を拠点に、ヒト・モノの交流を担っていく ………… 172

北陸エアターミナルビル株式会社
行政と積極的に連携し、新幹線との共存を目指す …………… 180

〈企業の取り組み〉 ※50音順

ANA
「インバウンド」と「第三国需要」を拡大 …………………… 190

日本電信電話株式会社（NTT）
先端ICT技術で空港をユニバーサルデザイン化 ……………… 198

日本電気株式会社（NEC）
**世界一の「顔認証技術」が切り開く
スマートエアポート構想** …………………………………… 206

日本ユニシス株式会社
**空港運営のグローバルスタンダードをもたらす
ICTソリューション** ………………………………………… 214

三菱重工業株式会社
バリアフリー搭乗橋の普及で乗客の安全と快適性を確保 …… 222

Peach Aviation株式会社
「圧倒的」コンセプトで、日本のLCCを牽引 ……………… 230

発刊に寄せて

自由民主党幹事長　二階俊博

　わが国は、時に厳しい自然環境にさらされる半面、四季折々の美しさを兼ね備えています。私は、随分若い時から「観光」が、国民一人ひとりにゆとりと充実感を与える夢のある産業であり、観光を国づくりの基礎とする「観光立国」を目指すべきだと提唱してきました。「観光」とは、中国の『易経』にある「国の光を観る」に由来する言葉で、途方もなく幅広い世界であると同時に、奥の深い産業で、国や地方の歴史と伝統と文化そのものを現します。

　今や、訪日外国人観光客は、2403万9000人（2016年実績）を記録。東京オリンピック・パラリンピック開催がいよいよ間近に迫ってまいりました。世界中からこれまで以上にたくさんの観光客が日本を訪れるでしょう。わが国が真の「観光立国」となるためにも、オリンピック開催後もにらんだ観光政策が必要であることは言うまでもありません。

　そこで安倍内閣において、「観光」を国の成長戦略を支える根幹として位置付け、「観光立国推進基本法」が閣議決定されました。まずは、2017（平成29）年度からオリンピック開催までの2020（平成32）年度までを見据え、①訪日外国人旅行者数を4000万人にする②国内旅行消費額を21兆円にする③訪日外国人旅行消費額を8兆円にする――などの目標が設定され、30年には年間訪日外国人観光客を6000万人にすることも視野に入れて行動を開始しています。

この目標を達成していくには、東京・富士山・京都・大阪のいわゆる「ゴールデンルート」を周遊していただくだけでは不充分で、日本の各地域を隅々まで「観光」していただけるようなコース設定をしていかねばなりません。まさに地方創生の理念が問われるところで、各地域の皆さんが知恵と力を振り絞って、発展繁栄の道を探っていただきたいと願っています。同時に、自然が猛威を振るった場合に備えて、事前にさまざまな準備をしておく視点も求められます。私が提唱した国づくりのもう一つのテーマ、「国土強靭化」も平時における「観光」と表裏一体で、ここまで準備を尽くしてこそ、外国人観光客の皆さんに安全で安心な日本の旅を満喫していただけるのではないでしょうか。

　本書は、「観光」の起点となる「空港」にスポットを当てて、地方創生のヒントになる道筋を明らかにする狙いで構成されています。わが国は島国ですから、空港は「観光」の拠点になると同時に、各地域の皆さんの生活を支える重要なインフラという側面も兼ね備えています。逆に言えば、「空港」の持つ機能を強化することで、地域の皆さんの生活を向上させると同時に、「観光」振興躍進の一歩を踏み出してもらいたいと期待しています。もちろん、政治で必要なことは、私たちが責任を持ってバックアップしたいと考えています。ぜひ、この美しい日本を真の「観光立国」に仕上げていこうではありませんか！

序文

インバウンド4000万人時代の国、地方、空港

山内弘隆 やまうち・ひろたか

● プロフィール

1955年生まれ、千葉県出身。慶應義塾大学商学部卒業後、慶應義塾大学大学院商学研究科博士課程修了後、92年一橋大学商学部助教授、98年教授、2005年一橋大学大学院商学研究科研究科長兼商学部学部長、09年一橋大学大学院商学研究科教授、16年6月より（一財）運輸総合研究所所長を兼任。現在、財務省財政制度審議会委員会、総務省情報通信審議会委員、国土交通省交通政策審議会臨時委員、経済産業省総合エネルギー調査会委員を務める。主な著書に『航空輸送』（増井健一慶應義塾大学名誉教授と共著、1990年）、『講座・公的規制と産業④交通』（金本良嗣と共著、1995年）、『航空運賃の攻防』（2000年）、『交通経済学』（竹内健蔵東京女子大学教授と共著、2002年）、『公共の経済・経営学—市場と組織からのアプローチ』（2012年）、『運輸・交通における民間活用—PPP/PFIのファイナンスとガバナンス』（2014年）など多数。

2016年の訪日外国人観光客数は、前年比21.8％増の2403万9千人あまりを記録しました。2017年1月からの上半期累計も、前年比17.4％で過去最高を記録し、わが国のインバウンドは過去最高記録を更新し続けています。

政府も今年度から東京オリンピック・パラリンピックが開催される20年度までの新たな「観光立国基本計画」をまとめ、①訪日外国人4000万人②国内旅行消費額21兆円③訪日外国人旅行消費額8兆円④訪日外国人リピーター数2400万人⑤訪日外国人旅行者の地方部における延べ宿泊者数7000万人──が定められています。

では、世界の観光需要はどれくらいの規模になるのでしょうか──。国連世界観光機関（UNWTO）によると、全世界の年間当たり国際観光客数は、1950年の2500万人から右肩上がりで増加し、2016年には12億3500万人まで増え続けています。過去の実績から、UNWTOは30年までの年間成長率を3.3％と見込み、30年には延べ18億人になると予測しています。本書の中でも、福岡県の小川洋知事が指摘されていますが、世界的に見ると、観光は現時点でエネルギーや化学製品に並び、自動車も上回る産業になっており、観光がこれからますます伸びていく分野だということは間違いないようです。

実際に「観光立国基本計画」には、拡大する世界の観光需要を取り込み、観光を「成長戦略」の柱として位置付けることが高らかにうたわれています。観光には、政府が進めるもう一つの重要なキーワード、「地方創生」が含まれていることが特長だと言えるでしょう。

奈良公園を訪れる外国人観光客。

わが国は超高齢化と人口減少

安倍内閣3年間の成果

戦略的なビザ緩和、免税制度の拡充、出入国管理体制の充実、航空ネットワーク拡大など、<u>大胆な「改革」</u>を断行。

	（2012年）	（2015年）
・**訪日外国人**旅行者数は、**2倍増**の約2000万人に	836万人 ⇒	1974万人
・**訪日外国人**旅行消費額は、**3倍増**の約3.5兆円に	1兆846億円 ⇒	3兆4771億円

新たな目標への挑戦！

	2020年		2030年	
訪日外国人旅行者数	4,000万人	（2015年の約2倍）	6,000万人	（2015年の約3倍）
訪日外国人旅行消費額	8兆円	（2015年の2倍超）	15兆円	（2015年の4倍超）
地方部での外国人延べ宿泊者数	7,000万人泊	（2015年の3倍弱）	1億3,000万人泊	（2015年の5倍超）
外国人リピーター数	2,400万人	（2015年の約2倍）	3,600万人	（2015年の約3倍）
日本人国内旅行消費額	21兆円	（最近5年間の平均から約5%増）	22兆円	（最近5年間の平均から約10%増）

〈新たな目標値について〉

が進み、特に地方では、例外なく人口減少問題が政策の柱として掲げられています。既に顕在化している高齢化と若年層の減少によって、多くの地方自治体が将来の税収を厳しく見通し、地域経済の活性化を観光による交流人口の拡大に期待しています。本書では、先述した福岡県のほかに、北海道高橋はるみ知事、首都圏の千葉県森田健作知事にも登壇していただいていますが、観光が地域経済活性化の重要戦略に位置付けられ、特に急伸しているインバウンドによる経済需要をどのように取り込むかが大きなテーマとして取り上げられているかがご理解いただけると思います。

急伸する外国人観光客のニーズに空港がインフラとして追いついていない背景

地方にどうやって外国人観光客を集客できるのかということを考えた

場合、空港をゲートウェイ（玄関口）として位置付けていくことは、ごく自然な流れだと言えるでしょう。なぜなら、訪日外国人観光客の九割以上は、航空機による空路を利用している（法務省調べ）のが現実の姿だからです。

わが国には、97の空港があり、空港法によって４つの種類（①拠点空港②地方管理空港③その他の空港④共用空港）に区分されています。このうちインバウンドという視点で見ると、外国人航空旅客を受け入れている空港は、成田国際空港（30％）、羽田空港（15％）の首都圏空港と関西国際空港（27％）の三空港で72％を占めています。これに続くのが、福岡空港７％、那覇空港６％、中部国際空港５％、新千歳空港５％です。従ってインバウンドのゲートウェイ空港は、全空港の中でも主に７つの空港によって占められているということが分かります。

それ以外の空港が、地方空港（拠点空港のうち、国管理空港と地方管理空港、その他の空港、共用空港）ということになるわけですが、外国人航空旅客を直接受け入れているのは地方空港全体でわずか５％にすぎ

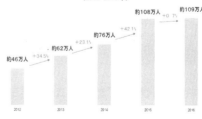

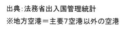

〈地方空港における訪日外国人受け入れの現状〉

ません。

　わが国の地方空港の場合、東京・大阪とのネットワークを中心にした国内線を想定して計画されたケースがほとんどで、地方都市と地方都市を結ぶネットワークは、需要面の不足からほぼ構築されてこなかったと言ってよいと思います。ただし、2012年に就航したPeach AviationなどLCC（格安航空会社）の登場は、既存ネットワーク（羽田容量の制約から首都圏の受け入れは成田国際空港が担う）の踏襲とは言え、価格面での多様化ということから地方空港利用が大きく促進されました。

　そもそも沖縄県や島しょ部を除く大半の地方自治体では、伝統的に新幹線などの高速鉄道を含む鉄道駅や高速道路のIC（インターチェンジ）を中心としたまちづくりが進められてきました。つまり、日本の地方空港の場合、地域住民とのコンセンサス形成、用地取得・造成に一定の時間がかかるため、空港をインフラとして活用する考え方がなかなか進まなかったという事情があります。

　しかしインバウンド旅客数の増加にともない、わが国を訪れるリピーターの数は増えています。彼らは東京・京都・大阪を中心とするいわゆるゴールデンルートを周遊するのでは飽き足らず、地方都市にも周遊するケースが増え続けているわけです。従って、急伸する地方を訪れる外国人観光客のニーズに対し、空港がインフラとして追いついていないというのが実情なのです。

　わが国の空港の代表とも言える羽田空港でさえ、20年以上にわたって、まず沖合展開し、さらに新しい滑走路を造って容量を拡大。ターミナルビルも増設してきたわけですが、東京の都市としての成長と国際化の進展、そして何より20年に開催される東京五輪・パラリンピックによって、首都圏容量はまだまだ足らないという認識がようやくが国民の間で浸透してきました。首都圏空港の容量拡大を実現しないと、日本経済の成長の足かせになるということも大半の国民の間に理解され始めています。

外国人観光客の目線で、航空交通インフラの遅れ、特に空港が「交通インフラとして十分に活用できていない」と指摘されるケースも出てきているのです。

わが国空港経営は、コンセッションが主流に。ただし、ある程度の公共性が担保された日本方式の構築を

一方、空港の経営という視点に立つと、特に地方空港の場合、大きな問題に直面しています。国は、先述した拠点空港（会社管理空港、国管理空港、特定地方管理空港）のうち、国管理空港19カ所について、地域の実情に応じてコンセッションという形の民営化を進める方針を明らかにしています。昨年から関西国際空港や仙台空港でコンセッションが実施され、高松空港についても事業者が決定され2018年4月からの運営開始が予定されています。今後は福岡空港、新千歳空港を中心とした幾つかの空港をまとめた形（バンドリング）での北海道空港、さらに熊本空港、広島空港などが対象に挙がっています。地方管理空港でも、神戸空港では既に実施され、静岡空港もコンセッションが導入されることになっています。コンセッションについては、読者の皆さんにも問題意識を持っていただくために、本書の中でも林幹雄自民党幹事長代理（自民党観光立国調査会長）、政治評論家の森田実氏と私の鼎談の中で取り上げました。

わが国で進められているコンセッションは、滑走路など基本施設およびターミナルビルなどの運営を一体的に民間に委ねるものです。民間側は運営から得られる収益について、公共側に運営権対価を支払います。この場合、基本施設の所有権を国に残し、ターミナルビルなどは民間側が保有する形が一般的です。これまで国管理空港の場合、滑走路やエプロンの建設は国が担当し、ターミナルビルでの飲食・物販は民間が担当

一橋大学大学院商学研究科教授 山内弘隆

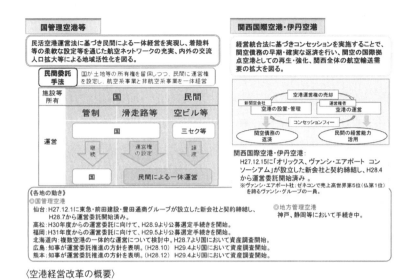

〈空港経営改革の概要〉

する仕組みになっていました。つまり、両者がバラバラ運営されていたわけです。しかし、本来の空港のあるべき姿としては、基本施設とターミナルなどが一体的に運営され、空港全体としての収益を上げてゆく、そのための経営戦略が練られるという形が望ましいと考えられるようになりました。ターミナルは物販販売などによって利益を上げることができますが、そもそもこれは、単体では赤字になる基本施設を使って航空機が発着することから得られる利益と捉えられるからです。したがって、ターミナル部分の利益をもって、基本施設の運営や更新を一助とすることも適切です。飲食・物販での収入を増やしてそこで得られた利益を原資に

仙台空港の全景（仙台国際空港株式会社提供）。

着陸料などを割り引いて航空機を呼び込み、ネットワークを広げていけるようなビジネスモデルが望ましいとされており、コンセッションが大きくクローズアップされているわけです。

　諸外国の実例を見ても、コンセッションは、現代空港経営の潮流となっています。英国では、コンセッションに先んじて1987年にブリティッシュ・エアポート・オーソリティーを設立して、ロンドン・ヒースロー空港や、ガトウィック空港、スタンステッド空港などの民営化が実施されました。英国の場合は、空港の所有権まで全部民営化されたのが大きな特徴で、その後90年から2000年代にかけて、欧米豪の空港で所有権を国に残して、運営を民間化させる形のコンセッションが定着しました。いずれの場合も、極めて資本主義的でマーケット指向の民営化と言えます。長期的な資金を元に空港自体を活性化することによって、一定のキャッシュを生み出して、長期的に運用していけば投資家にプラスになるし、地域にも波及効果がもたらされるというウィン・ウィンモデルが描かれるケースがほとんどでした。

　今後、日本におけるコンセッションは、国管理空港だけではなく、地方空港でも広がっていく流れになると思われます。ただし、地方空港の場合、その地域の経済や生活の拠点という側面もあります。従って、空港自体の規模、利用者数、立地、その他の諸条件で、地方自治体が関わらなくてはならないケースも出てくるでしょうし、基本スキームは、各空港や地域の置かれた状況に応じたオーダーメード方式、言い換えれば公共と民間の良いところを合わせ、地域の実情に応じてビジネスモデルを模索していくことになるはずです。つまり、日本で実施されるコンセッションは、欧米モデルとは異なる面を持ち、ある程度の公共性が担保された独自モデルを構築する必要があると考えています。実際、関空の場合は1.3兆円にも上る多大な債務をどうしていくかという議論からスタートしましたし、仙台空港の場合は、震災復興・地域開発という事情

があったことをご理解いただきたいと思います。

空港を拠点に、外国人観光客目線で広域観光をコーディネートできる担い手が出現するかどうかで状況は大きく変わる

　われわれの過去の研究では、年間利用者数200万人を超える空港であれば、コンセッションなどの手法によって黒字経営に転換できるのではないかという試算があります。要するに、ポイントはいかに需要を創り出せるかということになります。

　従って、地方自治体同様、地方空港にとってもインバウンドによる外国人観光客をどのように取り込んでいけるかが大きなテーマになるはずです。外国人観光客の立場で言えば、広域的な観光の中で、空港を拠点にしてどうやってさまざまなバリエーションに富んだコース設定ができるかということが旅行地選定の決め手になるかもしれません。

　地方自治体と地方空港が連携するという図式は容易に想定できますが、当然ながらこうした連携はこれまでもありました。ただそれは自治体として空港をいかに売り込むかに終始していました。これに対し新しい空港と地方の連携は、空港を拠点に、外国人観光客目線で広域観光をコーディネートするという形に変わってくる。それが実現できるかどうかで状況は大きく変わってくるということなのです。ITを使って情報発信するケースもあるでしょうし、戦略的なマーケティング技術を駆使する場合も予想されます。

　本書は、インバウンド4000万人時代を見据え、空港をインフラとしてどのように活用していくのかという視点から国・地方の現状と展望、有識者の考え方、全国空港ターミナル会社、エアラインを含む民間企業の戦略などをまとめて構成しています。特に、地方自治体や空港ターミナル関係者にはご一読していただいて、地域の空港を拠点にどのようにイ

ンバウンドに結びつけて需要を高めていけるかというテーマへの一助にしていただければ幸いです。

　地方の新たな観光の担い手として期待されるDMO（Destination Marketing Organization）にもスポットを当てています。現段階では、空港を起点にした観光戦略の構築についてはまだ問題意識を持っている状況のようですが、ぜひDMOに従事する皆さんにもご一読いただき、インバウンド4000万人時代の国、地方、空港についての意識を高めていただきたいと思っております。

国の取り組み

■ **国土交通省航空局** …………………… 20
「明日の日本を支える観光ビジョン」について

■ **観光庁** …………………………………… 30
「観光先進国」の実現に向けて

国の取り組み
国土交通省航空局

「明日の日本を支える観光ビジョン」について

はじめに

　2016年3月、総理主宰の「明日の日本を支える観光ビジョン構想会議」において、「明日の日本を支える観光ビジョン」が策定された。ビジョンでは、「観光は、真にわが国の成長戦略と地方創生の大きな柱」との認識の下、訪日外国人旅行者を20年に4000万人、30年に6000万人受け入れるという新たな目標が掲げられるとともに、これを達成するため、政府一丸、官民を挙げて取り組むべき施策が取りまとめられた。

　訪日外国人旅行者の9割以上が利用する国際航空ネットワークは、最も重要な基盤インフラの一つである。「明日の日本を支える観光ビジョン」においても、首都圏空港の容量拡大、地方空港のLCC・チャーター便の受入促進、複数空港のコンセッションの推進、先進的な保安検査機器の導入（ボディスキャナー）など、航空関係でも多くの施策が採り上げられた。

　現在、航空局では、「明日の日本を支える観光ビジョン」の目標達成に向けて必要となる施策の実現に全力で取り組んでおり、本稿では、そうした取り組みについて紹介したい。

首都圏空港の機能強化

　現在、航空局では、観光ビジョンの目標達成に向け必要となる空港機能の強化に取り組んでいるが、最重要の政策課題は首都圏空港の機能強

「観光ビジョン」における記述（航空関係）

「明日の日本を支える観光ビジョン ―世界が訪れたくなる日本へ―」
（平成28年3月30日　明日の日本を支える観光ビジョン構想会議）(抄)

視点3.すべての旅行者が、ストレスなく快適に観光を満喫できる環境に

最先端技術を活用した革新的な出入国審査等の実現

（中略）
- 出発時の航空保安検査に係る旅客の負担を抑え、検査の円滑化を図りつつ厳格化を実現するため、以下の取組を実施。
  - 欧米等で導入が進んでいる先進的な保安検査機器（ボディスキャナー）を導入
    （2016年度に成田・羽田・関西・中部に導入し、2020年度までに主要空港へ順次拡大）

「地方創生回廊」の完備

- 新幹線、高速道路などの高速交通網を活用した「地方創生回廊」の完備に向け、以下の取組を実施。

（中略）
- 新幹線開業、コンセッション空港の運営開始、交通結節点の機能高度化等と連動し、観光地へのアクセス交通の充実等により、地方への人の流れを創出

（後略）

地方空港のゲートウェイ機能強化とLCC就航促進

- 地方空港のゲートウェイ機能強化とLCC就航促進に向け、以下の取組を実施。
  - 複数空港の一体運営（コンセッション等）の推進（特に北海道）
  - 地方空港の着陸料軽減を実施
  - 首都圏空港の容量拡大（羽田空港の飛行経路の見直し　等）
  - 首都圏におけるビジネスジェットの受入環境の改善
  - 地方空港のLCC・チャーター便の受入促進（グラハン要員の機動的配置を可能にする基準の柔軟化、CIQ機能の強化、地方空港チャーター便の規制緩和、操縦士・整備士の養成・確保　等）
  - コンセッション空港等における到着時免税店制度の研究・検討
  - 新規誘致に係るJNTOの協働プロモーション支援

化である。現在の首都圏空港の年間空港処理能力は、羽田空港で約45万回、成田空港で約30万回、計約75万回である。しかし、2020年に訪日外国人旅行者を4000万人受け入れるためには、首都圏空港のさらなる機能強化が必要であり、現在、羽田空港と成田空港の空港処理能力をおのおの約4万回拡大するための取り組みを進めている。

　羽田空港については、飛行経路の見直しを行うことなどにより、既存施設を賢く使いつつ、空港処理能力の拡大に取り組んでいる。新たな飛行経路が実現されれば、国際線の便数が1日約50便増加し、年間の経済波及効果は約6500億円と非常に大きな効果が見込まれている。これまで、飛行経路の見直しに必要な施設整備に着手するとともに、住民説明会を開催するなど関係する自治体や住民の方々への丁寧な情報提供を実施してきた。引き続き、施設整備や環境・安全対策を着実に進めるとともに、丁寧な情報提供を実施していくこととしている。また、成田空港については、空港処理能力の拡大に必要となる高速離脱誘導路の整備などを進めている。

国の取り組み

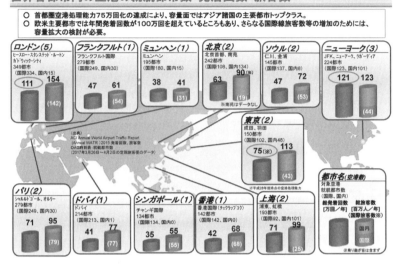

　さらに、2030年に訪日外国人旅行者を6000万人受け入れるには、成田空港の第3滑走路の整備やB滑走路の延伸、夜間飛行制限の緩和といったさらなる機能強化策が必要不可欠である。16年9月の航空局、成田国際空港株式会社、千葉県、空港周辺9市町による4者協議会において、さらなる機能強化に関する具体策を提案し、その後、住民説明会などを開催してきた。これらの結果を踏まえ、17年5月に地元自治体から国および成田国際空港株式会社に対して、要望書が提出されたことを受け、17年6月の4者協議会において、夜間飛行制限の緩和内容の見直し案等を再提案したところであり、今後は、さらなる機能強化の実現に向け、地域住民の理解と協力が得られるよう4者で最大限努力を行う旨を確認した。

　これらの取り組みが実現すれば、首都圏空港の空港処理能力は欧米主要都市圏の空港並みの約100万回となり、首都圏は空港容量の点からも十分な基盤を有することになる。

関西国際空港の機能強化

　関西国際空港については、アジア諸国からのLCCを中心に訪日外国人旅行者が急増し、2016年には過去最高の約600万人を超える訪日外国人旅行者が入国した。訪日外国人旅行者の4分の1以上が利用する極めて重要な基盤であり、その機能強化は非常に重要である。

　関西国際空港は伊丹空港とともに、2016年4月よりコンセッションによる民間運営委託が開始されている。新たな運営権者である関西エアポート株式会社は、積極的な路線誘致や第2ターミナル（国際線）の整備（17年1月供用開始）など、民間の創意工夫を生かした取り組みを進めている。国としても、急増する訪日外国人旅行者の受入環境の改善のため、入国審査場の拡張やファーストレーンの整備などCIQ体制の充実に取り組んでいる。

拠点空港の機能強化

　「明日の日本を支える観光ビジョン」の目標達成のためには、首都圏、関西圏以外の拠点空港の機能強化も必要不可欠である。

　中部国際空港においては、中部国際空港株式会社と航空局が連携し、LCCの拠点化や訪日外国人旅行者の一層の受け入れ拡大などに対応するため、LCCターミナル（エプロン、CIQ施設を含む）の整備を2019年度上期供用に向けて進めている。

　新千歳空港においては、2016年10月下旬の同年冬ダイヤから、国際航空便の発着制限を緩和し、外国航空機の運航可能日や時間帯を拡大するとともに、17年3月下旬の同年夏ダイヤから1時間の発着枠を32回から42回に拡大した。これにより、17年夏ダイヤ期首時点において、国際線の週間便数が前年同期比約35％増加するなど大きな効果が出ている。ま

た、2019年度末の完成を目指し、エプロンの拡張や誘導路の新設など、国際線の受入体制の強化を行っている。

　那覇空港では、空港処理能力を拡大するため、2019年度末の供用開始予定の滑走路増設事業を進めるとともに国際線ターミナルビルの機能向上、エプロンの拡張など国際線ターミナル地域の再編事業を進めている。

　福岡空港においては、2018年度末供用開始予定の平行誘導路二重化を行うとともに、慢性的に発生しているピーク時の航空機混雑を抜本的に解消するため2024年度末に供用開始予定の滑走路増設事業を進めている。

地方空港への国際線の就航促進

　さらに、訪日外国人旅行者を地方に誘客し、その果実を地方に行き渡らせるためには、地方空港発着の国際線を充実させ、「地方イン・地方ア

訪日誘客支援空港について　　国土交通省

○「明日の日本を支える観光ビジョン」（平成28年3月）が定める訪日外国人旅行者数2020年4000万人、2030年6000万人の目標達成のためには、地方空港へのLCC等の国際線の新規就航や増便を強力に推進することが必要。
○このため、自治体等において訪日客誘致・就航促進の取組を行う全国27の空港を「訪日誘客支援空港」として認定（平成29年7月）。認定空港を、3カテゴリーに区分し、それぞれの空港の現状に応じた効果的な支援を実施。

《訪日誘客支援空港》

拡大支援型（訪日誘客に一定の実績をあげているうえ、拡大に向けた着実な計画・体制を有しており、国の支援（運航コスト低減やボトルネック解消等）を拡大することにより、訪日旅客数のさらなる増加が期待される空港）
静岡、仙台、熊本、茨城、北海道（新千歳、釧路、函館、女満別、帯広、旭川）、高松、広島、北九州、米子、佐賀、新潟、小松、青森、徳島、鹿児島、南紀白浜、岡山、山口宇部、松山　　計19空港

継続支援型（訪日誘客に一定の実績をあげているうえ、着実な計画・体制を有しており、引き続き、国の支援（運航コスト低減やボトルネック解消等）を実施することにより、訪日旅客数のさらなる増加が期待される空港）
長崎、那覇、大分、宮崎、花巻、福島　　計6空港

育成支援型（訪日誘客に高い意欲を持ち、国による伴走支援（戦略立案策定等）により、訪日旅客数の増加が期待される空港）
松本、下地島　　計2空港

新規就航・増便の支援	空港受入環境の整備等	関係部局・省庁との連携
※支援は新規就航・増便のみ対象 ※地域の同援援・同期間支援と協調 ①国管理空港の国際線着陸料割引 ②コンセッション/地方管理空港の国際線着陸料補助 ③新規就航等経費支援 ・チケットカウンター設置・使用料等 ・地上支援業務（グラハン）、融雪（デアイシング）経費等	①航空旅客の受入環境高度化 ・空港ビル等による出入国容量拡大等に資する施設の整備（待合スペース、バゲージハンドリングシステム、ボーディングブリッジ、ランプバス、交通アクセス施設等） ⇒認定空港等にて実施（拡大支援型を優先） ②CIQ施設の整備 ・空港ビル会社等によるCIQ施設の整備	①訪日外国人の受入対応【観光庁】 ・WIFI環境整備、多言語化、移動円滑化の経費等 ②海外PR等支援【観光庁・JNTO】 ・JNTO（日本政府観光局）によるエアポートセールス相談等 ③CIQ体制の充実【法務省等】 ・CIQ関係省庁の物的や人的体制整備との協調

ウト」の流れを創出することが必要となる。このため、2017年7月に、地方自治体等において訪日外国人誘致・就航促進の取り組みを行う全国27の空港を「訪日誘客支援空港」に認定した上で、着陸料割引の拡充、ターミナル施設使用料等への支援、CIQ施設やボーディングブリッジ整備に関わる経費の支援など、国際線の就航促進に向けた総合的な支援措置を講じている。

管制機能の強化、操縦士などの確保

　訪日外国人旅行者の増加への対応のためには、空港処理能力の拡大だけでなく、管制処理容量の拡大も必要となる。現在、わが国では、全国の空域を四つに分け、札幌・東京・福岡・那覇の4管制部がおのおのの空域における管制を実施しているが、これを抜本的に再編し、巡航している航空機のための一つの「高高度空域」と空港への離着陸など上昇降下する航空機のための二つの「低高度空域」に上下分離する。これにより、年間の管制取り扱い可能機数は、現在よりも約20万機多い約200万機となり、2030年の訪日外国人旅行者数6000万人への対応が可能となる。現在、2025年までの空域再編完了を目指し、新たな管制情報処理システムの整備や各空域の管制を担う管制部の再編などを段階的に実施している。

　さらに、訪日外国人旅行者の増加に対応するためには、操縦士などの養成・確保も重要な課題である。2018年度から航空大学校の養成規模を72名から108名に拡大するため、学生寮や格納庫の整備、教官や訓練機の増強などを図るとともに、民間と連携した操縦士などの養成・確保のための取り組みを推進していく。

コンセッションの推進

　民間による滑走路などの基本施設とターミナルビルの一体経営を実現し、着陸料の柔軟な設定などを通じた航空ネットワークの充実、内外の交流人口拡大などによる地域活性化を図るため、航空局では、国管理空港を中心として、空港運営の民間委託、いわゆるコンセッションを推進している。2016年4月1日からは関西国際空港および大阪国際空港、7月1日からは仙台空港の運営が既に民間会社に委託され、民間の創意工夫を生かしたさまざまな取り組みにより、コンセッション移行後に利用者が増加するなどの効果が出てきている。

　また、17年7月26日に優先交渉権者を選定した高松空港については、18年4月からの民間会社による空港運営の開始が予定されている。このほか、福岡空港、北海道内の複数空港、広島空港、熊本空港において、空港運営の民間委託に向けた手続き、検討が進められており、地元と緊

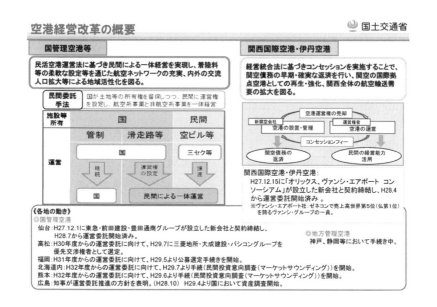

密に連携、協力して、引き続き必要な取り組みを進めていく。

ビジネスジェットの利用環境の改善

　また、明日の日本を支える観光ビジョンにおいては、新しい市場を開拓し、長期滞在と消費拡大を同時に実現するため、「首都圏におけるビジネスジェットの受入環境の改善」も重要な施策として掲げられている。

　ビジネスジェットの受入環境については、羽田・成田両空港のビジネスジェットの利用枠の拡大、専用ターミナルの整備や専用動線の確保、手続き時間の短縮、CIQなど各種手続きの緩和など漸次措置を講じてきた。2016年4月には、特に利用ニーズの高い羽田空港の受入環境をさらに改善するため、羽田空港におけるビジネスジェットの利用枠を倍増するなどの新たな措置を講じたところである。今後とも、羽田・成田両空港を中心に利用状況を注視し、必要な施策を適切に講じていく。

首都圏におけるビジネスジェットの受入環境の改善　国土交通省

○ 富裕層の誘致等インバウンドの質的向上を図るためにもビジネスジェット受入環境改善は不可欠。
○ 首都圏におけるビジネスジェットの受入環境の改善のため、羽田空港の発着枠を倍増するなど、ビジネスジェットが着陸を優先的に行えるよう運用改善を行った。

ビジネスジェットとは
機種の例：ガルフストリームG650
定員　最大19名
最大航続距離：12,964km
（東京-ニューヨーク間 約10,900km航行可）

発着枠の拡大
・羽田空港について、ビジネスジェット用の発着枠を倍増。

拡大前(※)	拡大後
8回／日	16回／日

※2016年4月24日以前。倍増以降、発着枠は最大で8割程度埋まっている。
・成田空港については発着制限なし

日本における発着回数（国際）
・日本における国際ビジネスジェットの発着回数は増加傾向にある。（2010年～2016年における国際の年伸び率平均：8.2％）

+8.2％/年

	2010	2011	2012	2013	2014	2015	2016
	2,918	2,639	2,857	3,092	3,287	4,121	4,551

その他／関西圏／中部圏／成田／羽田

専用ゲート等の整備
・ビジネスジェット専用ゲート等の整備により、空港内の移動や手続きの時間を大幅短縮。

	2014年9月以前	現行
羽田	約40分	約5分
成田	約16分	約8分

先進的な保安検査機器の導入

　訪日外国人旅行者の増加を図りつつ、併せて「テロに強い空港」を目指し、ボディスキャナーをはじめ、空港による保安検査の高度化を推進し、保安検査の厳格化と円滑化の両立を図っている。ボディスキャナーについては、当初計画を大幅に前倒しし、2019年ラグビーワールドカップ日本大会開催前までの対象空港への配備完了を目指している。また、爆発物を自動的に判別する先進的な保安検査機器を20年東京オリンピック・パラリンピック競技大会までに導入することとしている。

おわりに

　冒頭でも述べたが、「明日の日本を支える観光ビジョン」の目標を達成するために、空港機能の強化をはじめ、航空行政が果たすべき役割は非常に大きい。今後とも、関係省庁、航空会社、地方公共団体などと密接に連携の上、必要な施策を、時宜を逸することなく全力で講じていきたいと考えている。

国の取り組み
観　光　庁

「観光先進国」の実現に向けて

「明日の日本を支える観光ビジョン」とわが国のインバウンド観光を巡る現状

　訪日外国人旅行者数2000万人の達成を目前にした2016年3月、内閣総理大臣を議長とする「明日の日本を支える観光ビジョン構想会議」において、「観光先進国」に向けた次の時代の新たな目標とその実現のための三つの視点からなる骨太の施策が「明日の日本を支える観光ビジョン」として取りまとめられた。この観光ビジョンでは、観光は「地方創生」の切り札であり、GDP600兆円達成への成長戦略の柱であるとし、国を挙げて「観光先進国」という新たな挑戦に踏み切る覚悟が必要であることを示した。さらに、2020年の訪日外国人旅行者数2000万人という従来の政府の目標を大幅に引き上げ、2020年に4000万人、2030年に6000万人を目指すとともに、消費額についても2020年に8兆円、2030年に15兆円とし、その他、地方部での外国人延べ宿泊者数や外国人リピーター数などについても目標を定めた。

　こうした中、2016年度においてもインバウンド拡大の勢いは衰えず、訪日外国人旅行者数は4年連続で過去最高を更新し、2403万人を超えた。2012年には836万人だったが、わずか4年で3倍近くまで増加したことになる。また、これに伴って、訪日外国人旅行消費額も急増し、2012年の1兆846億円から約3.5倍の3兆7476億円となり、成熟した日本経済において突出した成長を見せている。日常においても、新宿、秋葉原といった繁華街や、日光、高山といった観光地において、大勢の外国人観光

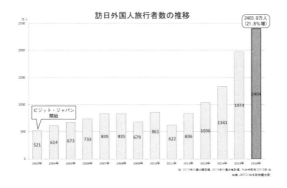

客を見掛けるようになった。さらに、国内ではあまり知名度の高くない地方の観光地に、外国人観光客が押し寄せているというニュースを見掛けることも多くなった。わが国のインバウンド戦略は確実に成果を挙げ、この国の風景を一変させようとしている。

観光ビジョンにおける主な施策

　2020年、2030年に向けた意欲的な目標を達成するために、観光ビジョンでは三つの視点から政府を挙げて取り組むべき施策が取りまとめられている。まず、視点1として「観光資源の魅力を極め、地方創生の礎に」すること、視点2として、「観光産業を革新し、国際競争力を高め、わが国の基幹産業に」すること、最後に、視点3として「すべての旅行者が、ストレスなく快適に観光を満喫できる環境に」することである。

　特に、視点3に関して、訪日外国人旅行者の受入環境整備はインバウンドのさらなる拡大に向けて、また、訪日外国人旅行者の満足度の向上に向けても必須の課題領域である。具体的には、空港の機能強化や二次交通の充実、CIQ（税関・出入国管理・検疫）体制の整備、無料Wi-Fiの整備など、急増する外国人旅行者の多様な受入環境整備の取り組みが盛

り込まれている。また、訪日外国人旅行者を今後ますます増加させるためには、東京や大阪、京都に代表されるゴールデンルートだけでなく、地方部にも訪日外国人旅行者を呼び込む必要がある。そのため、受入環境整備の取り組みと併せて、地域の観光振興を戦略的に推進する専門組織であるDMO（Destination Management-Marketing Organization）についても、魅力ある観光地域づくりの観点から非常に重要だと言える。さらに、政府では観光ビジョンを踏まえ、法定計画である「観光立国推進基本計画」を2017年3月に閣議決定し、政府が総合的かつ計画的に取り組む施策についても取りまとめている。

以下では、訪日外国人旅行者数のさらなる増加に向けた受入環境整備の取り組みとDMOの取り組みに焦点を当て、観光ビジョンおよびそれを踏まえた観光立国推進基本計画に盛り込まれた施策の一部を紹介することとしたい。

① 革新的な出入国審査などの実現

訪日外国人旅行者の急増に伴い、一部の空港の入国審査において長い待ち時間が発生していることが課題となっている。そこで、観光庁では法務省をはじめとする関係省庁と連携し、入国審査待ち時間20分以内の目標を目指し、世界最高水準の技術を活用した出入国審査の実現に取り組んでいる。具体的な取り組みとして、入国審査待ち時間を活用したバイオカートの導入が挙げられる。これは、入国審査を受けるまでの待ち時間に指紋や顔写真を事前に登録することによって入国審査時間の短縮を図ることができるものであり、2016年10月より関西空港、高松空港および那覇空港にて運用開始後、2017年4月には成田空港など12空港にも導入されたところである。その他、入国時に提供を受けた指紋情報を活用した外国人の出国手続きにおける自動化ゲートの利用拡大のほか、審査ブースの増設や定員の充実などの必要な物的・人的体制の整備を進めることにより、スムーズな審査の実現に向けて取り組んでいる。

② 通信環境の飛躍的向上

　観光庁が2年前に実施したアンケート調査によると、訪日外国人旅行者からの意見で最も多かったのが無料Wi-Fi環境に対する不満であった。そこで、観光庁では総務省と連携し、主要観光地などにおける無料Wi-Fi環境の充実に取り組んでいる。特に、主要空港においては整備状況96％（2016年12月時点）を達成し、このほかにも鉄道駅やバスターミナルなどにおける無料Wi-Fi環境の整備が進められているところである。また、こうした無料Wi-Fi環境について日本政府観光局のウェブサイトを活用して訪日外国人旅行者に周知を図っているほか、国内の携帯電話回線を利用してWi-Fi環境のない場所でもインターネットに接続できるプリペイドSIMについても各空港などの販売拠点の拡大に取り組んでいる。今後、FIT（海外からの個人手配旅行者）のさらなる増加に伴ってスマートフォンやタブレットによって旅行中に情報収集することがより一般的になることを見据え、Wi-Fiスポット数の増加の取り組みとも併せて、一度の手続きでさまざまな事業者の無料Wi-Fiサービスをシームレスに利用可能とする認証連携をはじめとした通信環境全体の利便性向上に向けた取り組みを推進していく。

③ 観光案内拠点の充実

　訪日外国人旅行者が全国津々浦々を快適に旅行できるようにするためには、多言語での観光情報の提供や交通手段の案内が不可欠である。そのため、外国人が利用しやすい観光案内所について日本政府観光局によるカテゴリー別の認定制度を設けるとともに、2012年度の制度開始当初の342カ所から861カ所（2017年4月末時点）へと、案内拠点の充実を図っている。今後は、量の拡大とともに、多言語で広域の案内が行えるカテゴリー2以上の観光案内所を増やすことにより、質の向上にも取り組んでいくこととしている。この日本政府観光局認定の外国人観光案内所は成田空港をはじめとする22の空港（26カ所）にも設置されており、そ

のうち、英語を含む3言語以上により全国の観光・交通の情報提供ができるカテゴリー3が9カ所、少なくとも英語で対応可能なスタッフが常駐し、広域の案内を提供するカテゴリー2が6カ所設置されるなど、日本のゲートウェイとなる空港において、旅の情報提供ができるよう取り組んでいる。併せて、観光地においても情報提供や体験・学習などの交流機会の提供を目的とした観光拠点情報・交流施設の整備も推進している。

④ **訪日外国人旅行者の受入に向けた地方ブロック別連絡会議**

　急増する訪日外国人旅行者を円滑に受け入れることができるようにするためには、それぞれの地域で現状と課題をしっかり把握し、必要な手立てを迅速に講じることが極めて重要である。そこで、各ブロックの地方運輸局、地方整備局、地方航空局や都道府県、関係事業者などで構成される「訪日外国人旅行者の受入に向けた地方ブロック別連絡会」において、訪日外国人旅行者を受け入れるための多種多様な課題の解決に取り組んでいる。例えば、空港アクセス関係では羽田空港の深夜早朝時間帯におけるアクセスバスの運行や、成田空港と都心を結ぶ新たな高速バスの運行、さらに中部国際空港と名古屋市内を結ぶリムジンバスの増便といった取り組みが実現した。2017年度からは、より幅広い省庁の地方支分部局も新たに参画した「観光ビジョン推進地方ブロック戦略会議」へと発展的改組され、これまで以上に多種多様な関係者が一丸となってさらなる成果へ向けた取り組みが推進されることが期待されている。

⑤ **訪日外国人旅行者受入環境整備緊急対策事業**

　こうした取り組みをさらに加速させるため、観光庁では地方自治体や宿泊・交通事業者などを対象とした補助事業を創設し、日本全国での訪日外国人旅行者の受入環境の整備を支援している。2017年度当初予算では「訪日外国人旅行者受入環境整備緊急対策事業」（85.3億円）を設け、これまで以上に充実した支援メニューを用意した。具体的には、(1)地

方の航空旅客ターミナル施設、鉄道駅、バスターミナルなどにおける案内標識・案内放送の多言語化、Wi-Fi整備などの移動円滑化の取り組み、(2)観光案内所などの案内機能強化、情報発信機能の向上に向けた取り組みや公衆トイレの洋式化、ホテル・旅館の多言語表示やWi-Fi整備、(3)その他、SNSなどのビッグデータを活用した訪日外国人旅行者の不満・要望の把握・検証、観光バスによる路上混雑問題などの地域における新たな課題の調査検討も実施するなど、幅広く受入環境整備に活用できるものとした。こうした支援制度を活用し、訪日外国人旅行者がストレスなく快適に観光を満喫できるような環境の整備を促進している。

⑥ 世界水準のDMOの形成・育成

訪日外国人旅行者の地方への流れを戦略的に創出し、観光による地方創生を実現していくためには、外国人旅行者から選好される魅力ある観光地域づくりを全国各地で推進していくことが必要である。そのため、これまでの観光地域づくりにおいて多様な関係者の巻き込み、各種データの収集・分析、効果的なブランディングやプロモーションといった民

国の取り組み

日本版DMO形成・確立の必要性

間的手法の導入などが必ずしも十分ではなかったという課題認識の下、「観光地経営」の視点に立った、地域の「稼ぐ力」を引き出す観光地域づくりのかじ取り役である日本版DMOの全国各地での形成・育成に取り組んでいる。観光庁において、その候補となりうる法人の登録開始からおよそ1年半が経過し、これまでに全国各地で157の法人が登録されている（2017年8月4日現在）。観光ビジョンでは2020年までに世界水準のDMOを全国で100組織形成することを目標としており、先述の通り「日本版DMO候補法人」の登録数は順調に増加し、先進的な取り組みを進める地域も現れ始めている一方で、観光地域のマネジメントやマーケティングに関わるノウハウや人材の不足といった課題を抱えている地域も少なくない。そこで、今後、各地域の取り組み水準のさらなる引き上げを図るため、先進地域の優れた取り組みを積極的に横展開するとともに、内閣官房まち・ひと・しごと創生本部をはじめとする関係省庁とも連携しながら、観光地経営を支援するシステムである「DMOネット」を通じた「情報支援」、DMOを担う人材育成プログラムの開発・提供などによ

る「人材支援」、地方創生推進交付金などによる「財政支援」の「3本の矢」による地域支援を実施し、各地域における日本版DMOの形成・確立に向けた取り組みを促進していく。

おわりに

　訪日外国人旅行者が急増している中で、インバウンド誘客の取り組みが実を結び、活況に沸いている地域はもはや珍しいものではなくなった。今後は、この流れを一過性のものに終わらせることのないように取り組んでいくことがより重要になる。すなわち、訪れた人に満足してもらい、リピーターになってもらうことに加えて、周りの人にも薦めたくなるような旅の目的地になることが、訪日外国人旅行者数を2020年に4000万人、さらに2030年に6000万人にするという高い目標の達成に向けて不可欠である。このためには、スムーズな出入国審査の実現や外国人観光案内所の整備などにより訪れた旅行者がストレスなく快適に観光を満喫できる環境を整えていくとともに、DMOが地域の観光戦略のかじ取り役として魅力ある観光地域づくりを推進していくことにより、訪日外国人旅行者の満足度をより一層高めることが重要な視点であると言える。

　訪日外国人旅行者数2000万人の達成は、あくまで通過点に過ぎない。広く世界中から旅の目的地として選ばれ、訪れる観光客がストレスフリーにわが国の多彩な魅力を満喫できるような、「世界が訪れたくなる日本」への飛躍を目指し、観光庁では、関係省庁と連携し、官民一体となって、観光先進国の実現に向けた取り組みを進めていく。

特別座談会

真の観光立国実現のために、全国空港の機能強化を

空港を拠点に、地域全体に資する産業化の構築を目指す

森田　実
（政治評論家）

林　幹雄
（自由民主党幹事長代理／
自由民主党観光立国調査会長）

山内弘隆
（一橋大学大学院
商学研究科教授）

　政府は、観光を成長戦略の柱、地方創生の切り札であるとの認識の下、観光立国実現に関する目標を発表した。ここ数年のインバウンドは絶好調で、有識者の間でも、2020年訪日外国人観光客4000万人達成は間違いないという見方が有力になっている。
　訪日外国人の9割以上は、空路を利用して出入国しているのが実態だが、受け入れの起点になる空港にはどのような機能強化が求められるのだろうか——。観光戦略に造詣の深い3者の白熱した議論を紹介する。

山内 政府が、今春閣議決定した「観光立国推進基本計画」によると、観光はわが国成長戦略の柱、地方創生の切り札であるとの認識の下、観光立国実現に関する目標として、①訪日外国人4000万人、②国内旅行消費額21兆円、③訪日外国人旅行消費額8兆円、④訪日外国人リピーター数2400万人、⑤訪日外国人旅行者の地方部における延べ宿泊者数7000万人泊――などが定められています。そこで、今回は自民党観光立国調査会長・林幹雄氏と政治評論家・森田実氏をお招きし、「真の観光立国実現のために、全国空港の機能強化」をテーマに議論を深めていきたいと思います。特に、ここ数年クローズアップされるのはインバウンド、訪日外国人観光客ということになります。

林 「明日の日本を支える観光ビジョン」を踏まえ、世界が訪れたくなる「観光先進国・日本」への飛躍を図っていくとして、訪日外国人観光客の目標数を2020年に4000万人、30年には6000万人を見据えています。閣議決定された「観光立国推進基本計画」は、この目標を実現していく

安倍内閣3年間の成果

戦略的なビザ緩和、免税制度の拡充、出入国管理体制の充実、航空ネットワーク拡大など、<u>大胆な「改革」</u>を断行。

	（2012年）	（2015年）
・**訪日外国人旅行者数**は、<u>2倍増</u>の約2000万人に	836万人 ➡	1974万人
・**訪日外国人旅行消費額**は、<u>3倍増</u>の約3.5兆円に	1兆846億円 ➡	3兆4771億円

新たな目標への挑戦！

訪日外国人旅行者数	2020年：4,000万人 （2015年の約2倍）	2030年：6,000万人 （2015年の約3倍）
訪日外国人旅行消費者額	2020年：　　8兆円 （2015年の2倍超）	2030年：　　15兆円 （2015年の4倍超）
地方部での外国人延べ宿泊者数	2020年：7,000万人泊 （2015年の3倍超）	2030年：1億3,000万人泊 （2015年の5倍超）
外国人リピーター数	2020年：2,400万人 （2015年の約2倍）	2030年：3,600万人 （2015年の約3倍）

〈新たな目標値について〉

ための具体的な行動計画と位置付けてよいでしょう。実際、これまでのインバウンドは絶好調で、17年6月の訪日外国人（客数・推計値）は、前年同月比18.2％増の234万6500人を記録しました。16年6月の198万6000人を36万人以上も上回り、6月として過去最高の数字です。今年1月からの上半期累計は前年比17.4％増の1375万7000人で、調査対象となっている主要20市場すべてが過去最高となりました。

はやし・もとお
1947年生まれ、千葉県出身。日本大学芸術学部卒業後、衆議院議員秘書などを経て、83年に千葉県議会議員（3期）、93年に衆議院議員に当選し、以後当選7回。98年運輸政務次官、2003年国土交通副大臣、04年自民党副幹事長、07年筆頭副幹事長、08年国家公安委員長（防災担当兼務）兼内閣府特命担当大臣（沖縄・北方対策担当）、09年国務大臣国家公安委員長、14年9月自由民主党総務会長代理、15年経済産業大臣・内閣府特命大臣、16年8月より現職。

　森田　世界では、「東洋のミステリアスな国、日本に行こう」という流れが相当普及し始めています。私は、20年までに訪日外国人観光客4000万人という目標は間違いなく達成すると見ています。30年の6000万人という数字もよほど国際的な悪い状況にでもならない限りは、流れとしては可能性が高いのではないでしょうか。

首都圏空港は、羽田、成田で年間8万回の発着枠増加。成田は第3滑走路建設も視野に

　山内　先ほど、林会長からご説明いただいた好調な数字の背景として、観光庁は航空座席の供給量増などが奏功したと分析しています。特にLCCが増加する韓国市場が6割を超える好調な伸びで訪日旅行者数の増

特別座談会

もりた・みのる
1932年生まれ、静岡県出身。東京大学工学部鉱山学科を卒業。学徒動員最後の世代として戦争を経験。若き日は原水爆禁止世界大会に参加し、広島・長崎の被爆地慰問など平和運動に取り組む。その後、日本評論社出版部長、『経済セミナー』編集長を経て、73年に評論家として独立。以後、テレビ・ラジオ、著述、講演活動など多方面で活躍する一方、福島県いわき市の東日本国際大学の客員教授の他、中国・山東大学名誉教授も務める。主な著書として、『進歩的文化人の研究』(サンケイ出版)、『公共事業必要論』(日本評論社)、『森田実の言わねばならぬ名言123選』『森田実の一期一縁』(第三文明社)などがある。

加をけん引しているようですね。クルーズも絶好調と聞きますが、法務省の発表によると全体では約1割にすぎず、訪日外国人観光客の9割以上は空路を利用して日本を訪れているのが実態です。

　そこで、今回の座談会では、わが国の空港の機能強化に焦点を当てて議論を進めていこうと思います。林会長の地元は千葉県成田周辺と伺っていますが、私も成田の出身です（笑）。まずは、わが国の主要玄関口でもある首都圏空港についての評価や課題からお話

観光ビジョン目標	空港機能の強化	管制容量の拡大
2020年 4000万人 (空路:3500万人)	・羽田飛行経路の見直し等首都圏空港の機能強化(＋約8万回)と、 ・他空港の機能強化により対応	現行の管制容量で対応可能
2030年 6000万人 (空路:5250万人)	・成田空港の滑走路増設等と、 ・他空港の機能強化により対応	国内管制空域の抜本的再編により対応(2024年度完了)

〈「観光ビジョン」の目標達成に向けた航空分野の取り組み〉

しいただきましょうか。

林 首都圏空港の現状から申し上げると、現在、羽田は飛行経路の見直しなどにより、20年までに年間4万回発着枠増加に取り組んでいます。成田も誘導路整備によって、年間4万回発着数を増やしていく方針です。

加えて、成田は第3滑走路を建設するために、成田市周辺9自治体と国、千葉県、成田国際空港会社による4者協議が動きだしています。成田空港の一番のポイントは飛行時間の制限ですね。現在の午後11時から午前6時までの制

やまうち・ひろたか
1955年生まれ、千葉県出身。慶應義塾大学商学部卒業後、慶應義塾大学大学院商学研究科博士課程修了後、92年一橋大学商学部助教授、98年教授、2005年一橋大学大学院商学研究科研究科長兼商学部学部長、09年一橋大学大学院商学研究科教授、16年6月より（一財）運輸総合研究所所長を兼任。現在、財務省財政制度審議会委員、総務省情報通信審議会委員、国土交通省交通政策審議会臨時委員、経済産業省総合エネルギー調査会委員を務める。主な著書に『航空輸送』（増井健一慶應義塾大学名誉教授と共著、1990年）、『講座・公的規制と産業④交通』（金本良嗣と共著、1995年）、『航空運賃の攻防』（2000年）、『交通経済学』（竹内健蔵東京女子大学教授と共著、2002年）、『公共の経済・経営学─市場と組織からのアプローチ』（2012年）、『運輸・交通における民間活用─PPP/PFIのファイナンスとガバナンス』（2014年）など多数。

限時間帯を午前1時から午前5時までに緩和する方向で、関係者に理解を求めていますが、何十回、何百回と議論を積み重ねる中でなかなか難しい面も抱えています。話を前に進めていくためには、折衷案で進めていく形になるかもしれません。いずれにせよ、第3滑走路の建設自体には大きな異論はありませんので、これからさらに地元に理解を深めていく作業をお願いしたいところです。自民党としましても成田空港議連を開催し、関係者が速やかに進めていくようにお願いをしています。

山内 成田の第3滑走路の建設は、おおむね地元のご了解が得られていると私も考えています。一方、羽田についてはいかがでしょうか。当面は、東京上空通過という方向性が出ていますが。

林 羽田の飛行経路に関しては、今、懸念されていることが二つありまして、一つは氷の落下物の問題です。飛行機が着陸する時は、どうしても氷の塊が落下してしまうという事情があります。実は、海から空港に入ってくるコースを取る時は、陸に入る前に車輪を出して氷を海に落としています。羽田の場合、飛行経路が見直されることによって、住宅地に落ちてしまうリスクも指摘されています。例えば山あいに落ちてくれれば良いわけですが、何しろ未経験ですからね。

もう一つは、やはり騒音の問題ですね。音がどの程度響くのかというのは、東京ではまだ経験がありません。実際、どれだけ地元の理解が得られるか。例えば、品川駅上空は400メートルくらいで降りてきていますので、どれだけ影響があるのか、見極めていく必要があると考えています。ただ、時間帯が隙間と言いますか夜中ではないのがプラス要因ですが。

山内 夕刻の時間帯ですからね。そういう課題を乗り越えて、羽田・成田両空港で8万回を目指していくと。こういう首都圏の容量拡大について、森田先生、どんなふうに見ておられますか。

森田 全く現実離れしていたら申し訳ないのですが、中国・上海空港を利用しますと、リニアで行きまして、相当の速度を出して運行されていますけど、例えば羽田と成田をトンネルでつなぐってことはできないんですかね。もし、羽田―成田間がリニアでつながれば、20～30分で結ばれると思うんです。なぜこんな突拍子もないことを申し上げるかと言いますと、長い目で見れば、やはり羽田―成田を首都圏の一体空港として機能させる方が国際競争力上好ましいと思うからです。利用客からすれば、羽田、成田のどっちへ着いても構わないくらいにしておかないと、首都圏空港としては機能しないと考えています。

林 羽田―成田をリニアで結ぶというご指摘ですが、技術的には十分可能だと思います。ただし、ネックはコストが莫大にかかるんですね。

えらい金がかかるもんだから、事業主体がどこになるかということになると、ビジネス上の計算がなかなか成り立たないわけです。ただし、森田先生がお話しされた羽田―成田を一体化させるというのは、非常に重要なご指摘だと思います。私の持論でもあるのですが、羽田―成田の一体化は、訪日外国人観光客の目標クリアという点に加え、わが国空港政策の国際競争力を強化するためにも絶対に必要だと考えています。

山内 実は、羽田―成田を結ぶリニアの話は、これまで何回か出てきています。林会長がお話しされたように、事業主体とか、採算性、資金の問題が大きなネックになっていまして……。ただし、上海のリニアも、完全に都市の中心部まで行っているわけではなくて、逆に都心からリニアの駅まで行くのにちょっと時間がかかったりします。ですからもし東京で先にやれば、上海を上回るアクセスにはなるかとは思います。

森田 ただ、ひと昔前に比べたら、成田はものすごく便利になりました。空港を使うのに、上野駅から京成スカイライナーに乗れば36分で到着しますし、東京駅からも成田エクスプレスを利用すると約1時間で着きます。最近では、成田と東京を1000円で結ぶバスもあるそうで、この格安バスがLCC利用者に好評だと聞いています。この格安バスは、日中時間帯だけでなく、早朝深夜時間帯にも運行され、LCC利用者の取り込みに成功しているそうです。こうした多様化したサービスが成田空港の利便性を随分と高めていると言えるでしょう。

山内 林会長、今の森田先生のお話の中で、成田空港へのアクセスが随分整備されたとの指摘がありました。圏央道もかなり開通していますし、首都圏空港をめぐるインフラ環境はだんだんとレベルが上がっていると思いますが、いかがお考えでしょうか。

林 成田からの視点でいくと、圏央道が、全部ではありませんが、ほぼつながってきました。圏央道は、15年6月に「神崎IC―大栄JCT」、今年2月には「つくば中央IC―境古河IC」が開通し、茨城からは成田空港

まで通えるようになります。そうすると、空港利用だけではなくて、例えば、日光、那須、川越あるいは世界遺産に指定された富岡製糸場などにすんなりと行けるようになってきて観光客にとって極めて利便性が高くなっています。大栄JCT―松尾横芝ICの完成が少し遅れていますけど、現在用地買収中でほぼ半分ぐらいの段階です。7〜8割、用地買収が確保された段階で事業着手という形になりますので、東京オリンピックにはぎりぎり間に合うかどうかという状況です。

森田 私は、日本が真の観光立国を目指すという方向性を打ち出したことは極めて重要だと思っています。観光立国を目指すためには、まず空港周辺にインフラをきちんと投資しておくべきです。特に、首都圏、東京のインフラをもう少し良くしておく必要がありますよ。先ほどのご説明からすると、リニアは無理かもしれませんが（笑）、例えば①JR東日本が検討している羽田空港アクセス線、②国土交通省が検討している都心直結線、③東京都大田区が検討している蒲蒲線――など中長期的な空港アクセスの輸送力増強を図っていく必要があるのではないでしょうか。

海外に目を転じると、今やトランプ大統領もアメリカの社会インフラ整備を進めると表明していますし、中国も一帯一路で社会資本を充実させるとしています。日本も、100年から200年くらいの長い期間で借金を返すような大インフラ整備への財政政策の大きな転換を実行し、日本とアメリカと中国で世界の景気を引っ張って、再び好景気世界経済を創り出すぐらいの強気なことを考えてもらいたいと願っています。

山内 首都圏については、例えば東京上空通過については課題もあるけれども、全体として見れば、順調に進んでいると言えると思います。発着枠増加を実現し、オリンピックが開催される20年までに、4000万人というところまではほぼ順調に来ていると言えそうです。その後、成田の3本目の滑走路も含めて、中長期的に羽田―成田の首都圏空港をどの

ように捉えていくのか、周辺インフラを含めてもう少し国民的な議論が必要だというところでしょうか。

地方主要空港では容量拡大が着々と進行。利用者目線に立った多様なサービスが展開できるかどうかがカギ

山内 では首都圏空港から少し話題を離れて、地方空港に話題を移しましょう。今、地方創生という問題もありますし、地方空港の活性化という視点はわが国の航空政策上もすごく重要なテーマだと思いますけど、どのように考えられていますか。

林 私は、2020年の東京オリンピック・パラリンピックに関しては、首都圏空港だけでなく地方の主要空港でも大きな役割を担えると期待しています。最近、民間企業の皆さんと話をしていると、例えば「関西国際空港にいらっしゃい」と。「関空から、まず京都・奈良を見てください。それから新幹線に乗って東京に行きましょう」というPRをしているそ

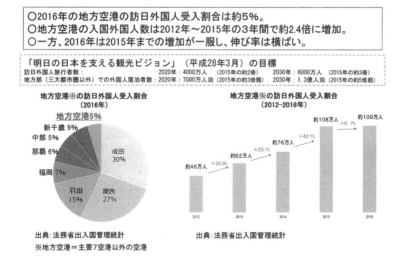

〈地方空港における訪日外国人受け入れの現状〉

うです。もっと面白いのは、「静岡空港に来てください。富士山を間近に見てそれから新幹線で東京に入りましょう」という宣伝文句もあるそうです。まず、地方の空港に降りてもらって、周辺の観光地で日本を体験してもらって、新幹線で東京に行くというルートもビジネスとして成り立ってくる。このような知恵が民間側からどんどん出て来ているわけですね。

森田 実は、ここ１年半ばかり体を壊したために、航空機に乗る回数は昔に比べるとかなり減ったのですが、私が利用する航空機はどの路線もいっぱいなのです。航空機の需要が高まって、利用が高まっていると実感しています。私の個人的体験ですが、今でもこんな状況を考慮すれば、オリンピックの時にはパンクしないかとさえ思っています。林会長が言われた通り、地方空港の利用を拡大するというのは、わが国空港の容量を考えても非常に現実的な方法だと思います。

山内 首都圏空港以外の主要空港の活用という点ではいかがでしょうか。

林 まず、先述した関空ですが、ここ数年関空は全国平均を上回るペースで訪日外国人旅行者が増加しており、まさに受け入れ環境の改善が重要な課題になっています。このため、関空の運営主体である関西エアポート株式会社やCIQ省庁が連携し、LCC専用ターミナルの拡張や入国審査ブースの大幅増設などCIQ施設の機能強化が進められています。中部国際空港においても、現在LCC専用ターミナルが建設中です。

また、北海道の新千歳空港では、外国航空機の運航可能日や時間帯、１時間当たりの発着枠を毎時32回から同42回に拡大したり、駐機場の拡張や誘導路の新設を行っています。福岡空港では、25年をめどに滑走路を増設する予定で、さらに平行誘導路を二重化します。那覇空港では、20年をめどに滑走路を増設するほか、国際線ターミナルビルの機能向上やエプロンを拡張していく予定です。

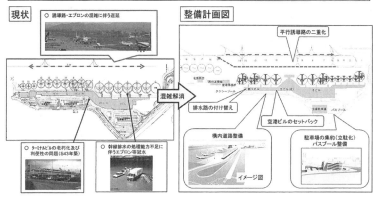

〈福岡空港の機能強化〉

山内 今の林会長のご説明を伺うと、首都圏以外の主要空港でも容量拡大が着々と進行していると言えますね。では、こうした主要空港以外の空港についてはどのような印象を持たれていますか。

森田 地方空港の場合、まずネットワークの課題が指摘できるでしょう。例えば、私が講演活動で地方から地方に移動する場合、飛行機のダイヤが消えてしまっていることがままあります。利用者の立場からすると安定した旅のコースが必要で、地方空港の場合、ネットワークの問題が深刻だと思います。

林 やはり地方空港の大きな問題は、利用客が少ないという点がネックになってしまいますよね。ネットワークの維持という点で、特に問題になっているのは離島です。離島の場合、観光というより、生活そのものですからね。ですからそれなりの援助、補助も行っていますが、それでもやはり厳しいところも出てしまいます。ここは私たちもしっかりと支えていかなきゃいかんと思っています。

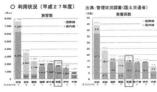
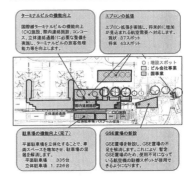

〈那覇空港の機能強化〉

〈新千歳空港の機能強化〉

　森田　もう一つは、空港からの二次交通の問題ですね。これが地方空港によってかなりサービスの差があるというのが実態です。国際的に見て、わが国の交通サービスに関して、最も評価が高いのは定時性だと思うのです。特に首都圏では、空港を降りて、JRや私鉄、モノレールや地

下鉄などが高密度の交通ネットワークを形成し、数分刻みのダイヤで正確に運行されている仕組みは世界に類を見ないと言ってよいでしょう。これが、地方に行くと若干ですが怪しくなってきます。

林 主要空港においては、空港からの二次交通はかなり確保されていますが、地方空港全体になるとバスが中心にならざるを得ません。そういう意味においては、これからのインバウンド対策として、レンタカーの活用にも期待しています。特に、沖縄においては、訪日外国人の3分の1がレンタカーを利用し、公共交通では行きにくい観光地にも機動的に足を伸ばしている状況です。最近は外国語対応のカーナビシステムもかなり普及していると聞いています。

山内 では、インバウンドにおいて、特に首都圏や主要空港から地方空港へ環流させるという点についてはいかがでしょうか。

林 総じて、インバウンドという需要が生まれるまでは、地方空港は経営的にも厳しいケースが続いていました。国内線利用客のパイを競合する新幹線などとも奪い合う構図を余儀なくされていましたが、インバウンドによって新たな需要が生まれてからはむしろ新幹線と協業し、利用客を増やす知恵も続々と生まれています。

もちろん、国は航空機燃料税の軽減措置を延長したり、あるいは国内線の着陸料を軽くするなどの努力をしています。一方、民間も国内線利用するには運賃を割り引くなど、官民双方が努力を積み重ねています。こうした状況の中で、先ほど森田先生が成田空港のケースでご指摘されていたように、利用者目線に立った多様なサービスを確立できたところが成功していくと見ています。

森田 ヨーロッパから日本に来たことのある大学生、大学院生たちを対象に、実際にヨーロッパに留学中の学生に頼んで調査をしてもらいました。すると、日本の農村に行って、農村のじいさん、ばあさんと触れ合ったことを旅の良い思い出として語ってくれた学生が何人かいたので

す。彼らは「日本のお父さん、お母さん」と呼んでいて、まさに農村の影響が大きかったのです。当然ながら彼らは今度、日本に行くときには、「農村に行きたい」と答えているのです。つまり、今回の調査結果は、日本の原型の田舎が、インバウンドの成功モデルになる可能性を十分に秘めているということを示したのです。

林 昔は、旅行と言えば、旗を持って何百人単位で行っていましたけど、今はそういうのがなくなりました。多くてもグループ単位の旅行で、どうかすると若い人たちはみんな個人レベルで、ネットを使ってやって来るという時代になってきています。逆に言えば、どんな田舎にも外国人観光客は訪れる可能性があると言えるでしょう。

ITを活用した情報発信が、インバウンドの成否を分ける

林 今後はまさに自分たちが作りあげたサービスや知恵をいかに情報発信できるかも大きく問われてくると思います。

山内 官民双方が努力を重ねて、ご指摘のあった情報発信ですね。地方が自分たちの魅力を発信できるか、と。そのやり方もIT（情報技術）がポイントになると言えそうですね。

林 先日、自民党本部でもやったんですけど、スマートフォン（スマホ）の技術革新というのはものすごいですね。もう30カ国ぐらいスマホで通訳ができるそうです。例えば、「ここから成田空港に行くにはどう行ったらいいですか」というのも、すぐに翻訳できるんですね。こういうスマホがどんどん開発されると、通訳を頼まなくても、簡単な日常会話がやれてしまう。そういう技術開発が日進月歩で進んで、われわれ年寄りにはわからないんですけど（笑）、若い人たちは早いんですよ。

森田 最近は、地方に行っても英語、中国語、韓国語の声が周りからどんどん聞こえてきます。特に中国人が多くなっています。ですから、

地方においては案内所の整備も必要かもしれません。もちろん通訳を雇うのは金がかかりますけれども、林会長がご説明されたスマホの活用が必要です。今度新宿にできたバスターミナル（バスタ新宿）の案内所は、タブレットで8カ国語ぐらい使っています。タブレットも活用できるような体制がもう少し整備されたらいいと思います。私は不器用だからだめなんですが、私の家内はタブレットを毎日やってます。80代半ば過ぎで。

山内 それはすごい（笑）。

森田 家内の友達もどんどん始めています。先ほど紹介のあった翻訳機能を使えれば、外国人とも対話できます。こうしたスマホやタブレットによる体制づくりは、地方においてもそう難しいことではないと思います。じいさん、ばあさんでも少し訓練すればできますし、先ほどご紹介した通り若い学生など外国人観光客は、じいさん、ばあさんとの触れ合いを求めています。

林 この間、中国へ二階幹事長のお供で行ってびっくりしたのは、北京では、財布を持って歩かないんです。もう全部スマホなんです。注文も、スマホで行って、支払いもスマホ。カードも持たない。

山内 中国では、タオバオなどの中国インターネット市場を運営するアリババグループが提供するオンラインの支払いシステム（プリペイド型電子マネー決済・Alipay）がかなり普及していまして、通常スマホが利用されています。今や4億人以上が利用していると言われており、日本でもJTBが中国人の需要をにらみ、Alipayを導入する動きが出ています。

森田 せっかくITがあるんだから、老若男女問わず、ITをどんどん活用していく環境を作っていきましょう（笑）。

真の観光立国として必要なホスピタリティーと、空港を取り巻く諸問題、コンセッション方式の導入

山内 地方空港をどのように活性化していくかという議論の中で、最近コンセッションという手法が注目を集めています。実はコンセッションは私の専門でして（笑）、わが国で進められているコンセッションについて簡単にご説明すると、滑走路やエプロンなどの基本施設やターミナルビルなどの運営を一体的に民間に委ねるものです。民間側は運営によって得られる収益について、公共側に運営権対価を支払います。この場合、基本施設の所有権を国に残し、ターミナルビルなどは民間側が保有するのが一般的です。これまでの日本の国管理空港の場合、基本施設の建設は国が担当し、ターミナルビルの飲食・物販は民間が担当する仕組みになっていました。しかし、本来の空港のあるべき姿として、基本施設とターミナルビルが一体的に運営され、空港全体としての収益を上げていく、そのための経営戦略が練られるという形が望ましいと考えられるようになりました。ターミナルビルは飲食・物販によって利益を上げることができますが、そもそもこれは単体では赤字になる基本施設を基に航空機が発着することから得られる利益と捉えられるからです。従ってターミナルビルの利益を基本施設の運営や更新に利用することも可能になりますし、着陸料などを割り引いて航空機を呼び込みネットワークを広げることもできます。こうした理由から、コンセッションがクローズアップされているわけです。

国際的に見ても、コンセッションは現代空港経営の潮流と言えます。英国は、コンセッションに先んじて1987年に空港の民営化を実施しました。その後、欧米では90年から2000年代にかけてコンセッションが定着しました。日本では、2016年に関西国際空港（関空）・大阪国際空港（伊丹）、仙台空港で実施されました。高松空港についても事業者が決定さ

れ、18年4月からの運営開始が予定されています。今後は、福岡空港、新千歳空港を中心とした幾つかの空港をまとめた形（バンドリング）での北海道空港、さらに熊本空港、広島空港などが対象に挙がっています。

林 コンセッションを取り入れると、例えば、仙台空港や関空にしても、かなり成績が良くなると聞いています。特に関空は追い風で、中国・東南アジア方面からのLCCがものすごい勢いで増えて、この勢いでいくと成田は超されてしまうのではないか（笑）というぐらい好調のようです。民間のシンクタンクの調査結果によると、一昨年の近畿2府4県における外国人観光客による消費額は6950億円に上ったとの報告もあります。

森田 本当に関西経済は、インバウンドという特需によって立ち直りましたね。関西圏では、20年の東京オリンピック・パラリンピックに続いて、25年に、1970年に続いて再び大阪万博を誘致する動きが本格化しています。関西経済好調の拠点として、関空が大きな役割を果たしていることに注目すべきでしょう。

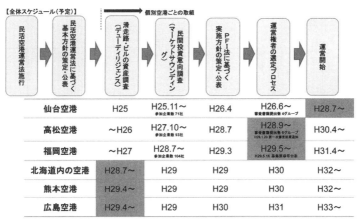

〈空港運営の民間委託に関する検討状況〉

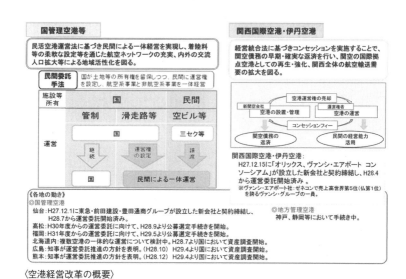

〈空港経営改革の概要〉

　林　関空の場合、海上空港で24時間運用ですから、まだまだ余力があります。関空自体がコンセッションにより活性化し、空港を拠点に地域全体が、外国人観光客の消費を促す仕組みをどんどんつくっていることが非常に重要だと言えるわけです。

　私は、これからわが国が観光立国として成り立っていくためには民間の知恵をどんどん生かすことが大事だと思います。これまでの日本の観光は、どちらかというと、官主導で行われてきたように思います。官の場合は、倒産のリスクを考慮しませんから、どうしても硬直になってしまいがちです。一方、民間は儲けていかないと倒産してしまいますので、さまざまな知恵が出てくるわけですね。民間の知恵を生かして、空港をサステナブルなものにしていくためにも、コンセッションという手法はすごく面白いと注目しています。

　森田　官の場合は、仕事の論理の根本にあるのは「失敗しない」という発想ですから、どうしても守りになってしまいがちです。一方、民間

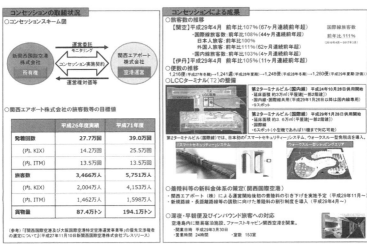

〈関西空港・伊丹空港のコンセッションの取り組み経過〉

	関西国際空港	大阪国際(伊丹)空港	神戸空港
特　徴	国際線拠点	国内線基幹拠点	地方空港
旅客数	2571万人	1510万人	272万人
就航社	国内線8社、国際線67社	国内線5社	国内線4社
滑走路	3500メートル、4000メートル	1828メートル、3000メートル	2500メートル
運用時間	24時間	7〜21時	7〜22時
利用制限	なし	1日370便	1日60便

〈関西3空港の概要〉

では、成功しないとまず評価されません。つまり、「官は守り、民は攻め」と言えるわけです。従って、現在、各空港で進められているコンセッションには、官民の良いところをバランス良く備えていく狙いがあるように思えます。

　英国でサッチャー政権が80年代に始めた空港民営化の目的は、国家財

政の改善という建前もありましたが、民営化によって競争原理が導入されることで、サービスの質が高まり、空港利用者の利便性に寄与していくという面が強かったように思います。つまり、この改革が意味するところは、空港に求められる役割が大きく変わったということなのでしょう。空港には、観光やビジネスの拠点として、高品質なサービスの機能が求められるようになったわけです。

山内 ただ関空の例で言えば、非常に大きな公共の負債を民間に移しただけとの指摘もあります。

森田 確かに関空の場合は、見掛け上、債務が官から民に移動したと言えるかもしれません。しかし、民営化の実現には、空港の買い手が存在しないことには成立しません。市場において買い手にアピールするためには空港自体の収益性や競争力の向上が必要不可欠で、関西エリアの需要掘り起こしについて官民が共通認識を持ったことに大きな意味があったとみています。

関空・伊丹・神戸各空港は一体化されて運営される流れになっていくでしょう。民間企業にとっても3空港の商業施設を一体運営していければビジネスモデルも立てやすい。関西の空は、3空港が一体になった形で支えられ、3空港をリードしていくのは関空という図式になると思います。

地方空港の場合、ホスピタリティでアピールしていくのも有効

山内 今後、わが国でもコンセッションは、国管理空港だけでなく、地方空港でも広がっていく流れになるでしょう。神戸空港では既に実施され、静岡空港もコンセッションが導入されることになっています。ただし地方空港の場合、その地域の経済や生活の拠点という側面もあります。空港自体の規模、利用者の数、立地、その他の条件次第で、公共も

関わらなければならないケースも出てくるでしょうし、基本スキームは、各空港や地域の置かれた状況に応じたオーダーメード方式、言い換えれば、官民の良いところを地域の事情に応じて模索しながらビジネスモデルを構築していくことになるでしょう。

森田 私は、地方空港の場合、例えば、ホスピタリティーの面でトイレを採り上げても面白いと思うのです。つまり「トイレの清潔さだけでは負けない、トイレの設備は日本一」という地方空港があっても良い。実は、最近、私はトイレについていろいろ勉強したのですが、中国をはじめ外国人観光客は、日本のトイレの使い方を知らないので、最初苦労するようです。ところが、使っているうちにあまりにも日本のトイレが素晴らしいと感激して大量に買っていくそうです。

山内 民営化の話で言うと、国鉄がJRになった時に、最初に駅のトイレがきれいになったと、随分話題になりましたよね。

森田 国鉄が強かった時代は、組合支配で、改札も絶対に頭を下げなかったですし、トイレはものすごく臭かったわけです（笑）。しかし、観光立国を目指すわけですから、国鉄時代のようなトイレではいけません。国際的にも、日本のトイレは機能そのものだけでなく、清潔さにおいて高く評価されているのですから。

林 今、「道の駅」が随分はやっているでしょう。群馬県の川場村という、人口3300人くらいの村に、道の駅「田園プラザかわば」があるんですけど、実際に行ってみるとすごいんですよ。関東一、との宣伝文句ですけど（笑）。実は、そこも民営化したそうなんです。民営化してまず手掛けたことは「関東一トイレがきれいで売り込もう」と従業員全員に徹底的にトイレ掃除をさせた、と。今では、トイレはいつ行ってもきれいだと評判になってリピーターがものすごく多くて、商品の売り上げアップにも結び付くし大変な盛り上がりなんですね。外山京太郎村長にも話を聞きましたが、「何より村のお年寄りが元気なのが行政にとってもあ

りがたい」、と。お年寄りたちは、自分たちでいろんなものを作って、道の駅に持って行って売る。なくなれば、すぐまたバイクで補充する仕組みだそうです。お年寄りにすれば、小遣い稼ぎにもなるし、社会に役立っているという使命感があるから病気にならない。孫にお小遣いもやれて、家庭円満だと。村は、医療費や介護保険もかからないということで、みんな丸く収まって。まさに原点はトイレなんですよ（笑）。私は、こうした川場村と道の駅のような関係が、地方空港でも実現していくことを期待しているんです。

山内 まさに「おもてなし」の精神、ホスピタリティを民のノウハウを取り入れて、具現化していくことが地方空港にも求められる、と。

森田 林会長が挙げられた「田園プラザかわば」の事例は、まさに地産地消を実践しており、今後の地方空港のあるべき姿として分かりやすいお話でした。一昨年中国人観光客による「爆買い」現象が話題になりましたが、すぐ下火になりました。つまり、どこでも買えるような免税店のようなものを全国いろんな場所で造ってみても、地方空港は主要空港には勝てないわけです。むしろ、そこにしかないような地域振興に役立つものの方が望ましい。

林 地方空港にとっては、チャンスだと思うんですよ。これだけ、訪日外国人観光客が増えて、コンセッションによって民間の知恵も取り入れられるわけですから。従って、地方空港の場合、地域住民の利用を確保すると同時に、外国人観光客をどのように取り込めるかが今後の大きなポイントになるはずです。政府では、高いレベルでの訪日外国人観光客誘致が行われている地域にある空港を「訪日誘客支援空港」と認定した上で、地方空港発着の国際線就航促進に向けた総合的な支援も行っていく予定です。

真の観光立国実現のために

山内 では、この座談会のまとめとして、より大きな視点から真の観光立国実現の展望について議論していきましょう。

林 昨年、私が経済産業大臣の時に、首相官邸で安倍総理が観光立国宣言を提唱されました。これまで観光は、いわば国交省、観光庁の専売特許だったんですけど、ちょうど2020年東京五輪・パラリンピックを迎えるし、ぜひオールジャパン体制で「みんなでやっていこう」ということになり、数値目標を打ち出したのです。従って、経産省も入り、農水省も厚労省も入り、観光を考えていくことになりました。その時、私が考えたのは、観光はもう「遊びに行ったり、旅行に行く」という次元じゃなくて、完全にわが国の産業にすべきだと。だから、このタイミングで政府が観光立国宣言したのは本当にいいチャンスだと思うのです。

森田 わが国で最初に「観光立国」を提唱した政治家は、竹下派七奉行と言われた故・奥田敬和氏です。彼は金沢の出身で、私は彼と非常に親しい間柄でした。ただ、彼が提唱した当時は、わが国の産業は「モノづくり」の華やかなりし頃で、正直言って観光を唱える人は自民党内でも少数派でした。奥田氏の後を継いで、観光立国を提唱したのが、現在の自民党幹事長でもある二階俊博氏です。それでも二階氏が提唱してから優に30年はかかっています。二階派を支える大番頭でもある林会長から今のお話を伺って、私は本当に感激しています。

林 森田先生に過分なお言葉をいただき、私こそ恐縮です。

森田 第二次大戦が終わって、日本が廃墟になってから、何とか国民が食べていける国づくりをしていかなきゃいかんということで、産業の根幹でもある鉄鋼業を立て直そうということになりました。わが国は島国ですから、その特徴を生かした造船業も起こさなきゃいけない。大きな産業には電気もいるし、地方を立て直すには繊維産業の立て直しも重

要でした。次に来たのが、自動車産業です。自動車産業は、裾野が広く、多くの研究開発に寄与したのみならず地域産業にも大きく貢献していきます。東京五輪、大阪万博を経て、日本は先進国に追い付き、1990年代後半から2000年初頭にかけてIT革命、ICT革命の時代に入ります。そして、観光立国となるわけです。今の、地方の事情を考えると、日本はまさに観光で生きていくしか道はないと言っても過言ではありません。

　林　先ほど話題になった関空を拠点にした関西経済の波及モデルは、まさに産業化へのお手本と言えるでしょう。空港は日本全国にあるわけですし、地域の産業化に資する仕組みを官民挙げて構築していくべきです。例えば、私の地元、成田市のケースをご紹介すると、今度、市場が成田国際空港の近くに移るんですね。成田空港を利用するトランジット客には空き時間が結構ありますから、空港で時間を過ごすよりも成田市内を巡るツアーが人気なのです。実際、成田山の参道は外国人でいっぱいなんですよ。そこで、私は小泉一成・成田市長に「築地市場みたいな成田市場を創ろう」と提唱しているのです。今や、築地は外国人に大変な人気スポットですから、成田でも魚のセリをやったら受けると思うんですよ。ただ、市に聞くと、生鮮食品市場を持ってくるのはいろいろハードルもあるそうなんですが……。

　山内　確かに、成田山は外国人観光客でいっぱいですよね（笑）。地域を外国人観光客に見せるコンテンツだけでなく、消費してもらえる仕組みがあれば、まさしく消費は輸出と同じ効果がありますから、有効と言えるかもしれません。森田先生、林会長が提唱された地域の産業化という点についてはいかがお考えですか。

　森田　私も空港を拠点に、地域全体がこれまで以上に外国人観光客にお金を落としてもらう仕組みづくりを考えていくことが非常に重要になると思います。今後、消費額やリピーター拡大に向けて、長期滞在の傾向にある欧米豪や富裕層を新たなターゲットに位置付け、量だけでなく

質の拡大も目指すべきです。産業ということまで考えれば、担い手となるプロフェッショナルな人材育成のシステム構築も求められてくるでしょう。

　林　政府も富裕層取り込みについては、強い問題意識を持っています。例えば、現在も富裕層向け旅行商品を扱う海外の旅行会社を日本各地に招へいし、国内での商談会が実施されていますし、海外の富裕層市場に特化したVirtuoso（ヴァーチュオソ・米ラスベガス）、ILTM（仏カンヌ）など複数の主要国際商談会への出展など富裕層向け旅行業界とのネットワーク拡大に努めています。一方、富裕層受け入れ体制としましては、例えば、昨年伊勢志摩に開業したアマンリゾーツなどの実例が挙げられます。同社は、バリ島やプーケットに高級リゾートを展開していますが、ホテルを核に伊勢神宮や熊野古道などを訪れるさまざまな着地型観光のプログラムが用意され、富裕層の取り込みに成功しています。今後も富裕層向けホテルは、北海道、石川、奈良、京都、栃木、沖縄でも開業が予定されており、民間でも富裕層をターゲットにしたビジネス展開が繰り広げられるとみています。

　山内　人材育成という面では、一橋大学も来年4月から観光のMBAをスタートさせます。実務経験があって、観光の経営者になるような人を、MBAを出して育てようという目的が一つ。それから、もう一つの目的としましては、既に観光の世界で役職を持って活躍している執行役員クラスの人たちを対象にエグゼクティブのプログラムを作って即戦力、即戦経営者を養成したいと考えています。

　森田　富裕層の取り込みについては、日本では、現状ノウハウを蓄積すべき時期だと思います。ただ、山内教授のお話を伺って、わが国のトップクラスの大学がいよいよ観光を担う人材育成に力を注ぐということで、ますます観光がわが国経済、特に地域経済をけん引していく産業になっていくと確信しました。

林 担い手づくりという意味では、中央省庁を改革してみても面白いかもしれませんよ。現在の省庁の機構を見ると、文化、観光、スポーツ、これは全部「庁」ですからね。これを一つにまとめて、「省」にすれば、大臣を置いて推進体制を強力にすることができます。実際に韓国では、観光文化体育部（編集部注・日本の省に当たる）の大臣ポストがありますから。

山内 なるほど。日本でも観光スポーツ文化省を創りましょうか（笑）。

森田 観光を産業化していくためには、リーダーの育成がどうしても必要です。ただ、もう一つ問題提起をさせていただければ、「観光立国実現の最後のピースは、国民的な盛り上がりにある」と言えるのではないでしょうか。

山内 詳しくご説明ください。

森田 1964年の東京オリンピックの時、私は既に編集者でしたから、当時の池田勇人内閣の河野一郎・オリンピック担当大臣や大平正芳・官房長官にインタビューしたり、財界人にもかなり会ってオリンピック特集をいろいろと企画しました。何しろ、当時の盛り上がりはすごかったのです。新幹線、首都高速、東名・名神高速道路などその後の日本の基礎になるインフラも続々生まれましたし、何より国民的な理解があったのです。今から思えば、奇跡のようでしたね。では現在はどうかというと、東京オリンピック・パラリンピックまでいよいよ３年というタイミングにもかかわらず、国民レベルでの盛り上がりはいまひとつのような気がするのです。

外国人に聞きますと、日本人はものすごく親切でね。みんながおもてなしの心を持っているという点が、非常に好感を持たれているようです。ですから、私は日本人の優しさは観光に向いていると思います。先ほどご紹介した通り、プレーヤーは高齢者でも構わないのです。外国人観光

客は、「日本のお父さん、お母さん」と言ってむしろ高齢者との触れ合いを求めるケースもあるわけですから。

　地方では、このところ超高齢化や人口減少など多くの問題を抱え、将来に対する明るい展望を描きづらくなっています。従って、国を挙げて、「日本列島、観光で生きていくんだ」という意識を持ち、観光を新たな産業にしていく気概を持つべきでしょう。私は、日本はスペインやフランスにも負けない観光立国になると信じています。

　林　心のこもったご指摘ありがとうございます。確かに、国民レベルで2020年東京オリンピック・パラリンピックをどのように盛り上げていくかという視点は非常に大切なテーマですね。世界レベルで見ると、旅行市場はどんどん大きくなっています。わが国の豊かな観光資源を考えると、まだまだ大きな成長の可能性があるわけですから、官民が連携し国民レベルで、観光立国を実現できるよう自民党観光立国調査会でも強力にバックアップしたいと考えています。

　山内　本当に議論は尽きませんが、私からここまでお話ししてきた議論をまとめてみましょう。政府の「観光立国宣言」以降、中央省庁でもオールジャパン体制が出来上がり、観光立国に向けてのさまざまな取り組みが進んでいます。どうやら、観光は、地域経済と結び付く産業と考えていった方が良いようです。そのためには、まず約9割の外国人観光客が発着する空港の機能強化が重要で、ITを活用した多様なサービスの提供や首都圏空港から主要空港、地方空港へのネットワーク強化について議論を展開しました。

　1980年代後半から2000年代にかけて空港経営には、民間活力を取り入れたコンセッション方式が主流になってきました。わが国でも昨年、関空や仙台空港を皮切りにコンセッションが取り入れられ、今後、空港経営の潮流になる可能性があります。地方空港の場合、地域の足としての役割もありますから量の競争はなかなか難しい面もありますが、民間活

力を導入することでホスピタリティの魅力を磨き上げ、積極的な外国人観光客の取り込みが期待されます。

　観光を産業化していくための方法論についても議論を深めました。2020年の東京オリンピック・パラリンピックの開催を3年後に控え、外国人観光客のペースは加速化するはずです。彼らの消費はいわば効率の良い輸出と同じですから、空港のみならず地域が一体となって外国人観光客の消費を促す仕組みを考えていく必要があります。長期滞在の傾向にある欧米豪や富裕層を新たなターゲットに位置付け、量だけでなく質の拡大も目指すべきで、担い手となるプロフェッショナルな人材育成のシステム構築が求められています。国民的な盛り上がりも重要です。こうしたことがクリアされた時に、わが国は真の観光立国として国際的にも大いに評価されると言えるでしょう。

　林　山内教授、うまくまとめていただき、ありがとうございました。本当に実りある議論ができて、大変有益でした。

　森田　私からも心からお礼申し上げます。

　山内　林会長、森田先生、こちらこそありがとうございました。

知事が語る
観光による地方創生

北海道知事
高橋はるみ ……………………… 68
「北海道ブランド」を武器に
観光客500万人を実現
──空港の一括民営化にも期待

千葉県知事
森田健作 ……………………… 76
地域住民の声をしっかりと
受け止め、地域に支えられた
成田空港に

福岡県知事
小川　洋 ……………………… 84
福岡・北九州のインバウンド増加
を目指し、福岡空港および北九
州空港両空港の機能分担を進
め、相互に補完しながら九州ゲー
トウェイの役割と責任を果たす

知事が語る観光による地方創生／北海道

北海道知事　高橋はるみ

「北海道ブランド」を武器に観光客500万人を実現
——空港の一括民営化にも期待

——北海道を訪れる外国人観光客は増え続けています。北海道の観光戦略について教えてください。

高橋　北海道の持続的発展に向けた主要な柱の一つは観光立国の推進です。

　近年、本道に対するアジア諸国からの注目度の高まりもあり、外国人来道者も急増している中、地域の魅力や価値をこれまで以上に磨き上げ、道外はもとより国外から多くの人々を招き入れ、海外の成長力を取り組んでいくことが不可欠です。

　北海道の観光入込客数は、2011年度は東日本大震災の影響などにより落ち込みましたが、12年度以降は回復基調に転じ、15年度には5477万人と、11年度から800万人以上増加して過去最高を更新しました。また、地域経済に大きな効果をもたらす延べ宿泊者数は、15年度に、前年度から約6％増加して、3471万人泊となり、都道府県別では東京都に次いで第2位となるなど、北海道観光は好調です。

　これは、13年度以降、景気の回復に伴い、国内外の観光需要が堅調に推移したことや、高速道路の延伸、航空路線の新規就航などにより交通アクセスが向上したことなどが要因と考えています。

　訪日外国人来道者についても、国が査証要件の緩和、免税制度の拡充を行ってきたことや、北海道が世界に誇る安全・安心でおいしい食、四季ごとに特徴のある姿を見せる自然環境など多様な魅力について、海外

への積極的なプロモーションを展開してきたことなどにより、15年度は、前年度から約35％増加の、208万人と過去最高となり、これは日本全体の訪日外国人旅行者2136万人の約1割を占めています。

国の「明日の日本を支える観光ビジョン」では、20年の訪日外国人旅行者数の目標値を2000万人から4000万人へと大幅に引き上げました。北海道においても、20年の外国人来道者数の目標を当初300万人としていましたが、北海道新幹線の利用客も好調に推移するとともに、15年度の外国人来道者数が208万人に達し、この300万人の達成も視野に入ってきたことから、目標をさらに500万人に引き上げました。併せて、観光関係者に「稼ぐ観光」という意識の醸成を図るとともに、国際的に質や満足度の高い観光地づくりを目指すこととしています。

――インバウンド増加に向けた課題などはありますか。

高橋　外国人来道者をさらに増やしていくため、課題は大きく3点あると考えています。

1点目は、外国人観光客が北海道滞在中に安全・安心で快適に旅行を楽しむことができるよう受入体制の整備・充実を図ることです。

2点目は、人手不足が課題となっている貸切バス業や宿泊業など観光産業に関わる人材の確保・育成を図ることです。

課題の3点目は、広い北海道のさまざまな魅力を生かしたテーマ性・ストーリー性のある周遊ルートの形

【プロフィール】
たかはし・はるみ
1954年生まれ、富山県出身。76年一橋大学経済学部卒業後、同年4月通商産業省（現 経済産業省）入省。中小企業庁経営支援課長、北海道経済産業局長、経済産業研修所長などを経て、2003年4月より現職。現在4期目。

成などを通じて国際観光地としてのブランドイメージを形成することです。

——**具体的にはどのような対策を講じていらっしゃいますか。**

高橋 受入体制の整備・充実では、広い北海道においては、主要観光地間を結ぶ二次交通が十分に整備されていない状況があるため、交通事業者が、既存路線にはない新しいルートでツアーバスを運行することを支援しています。今年度は、道央の札幌から、道北の旭川・層雲峡を経由して、道東の網走・知床までを結ぶルートを予定しています。

また、通信事業者と連携協定を締結し、Wi-Fi環境の整備を進めているほか、北海道の玄関口である新千歳空港に英語以外の言語にも対応できる国際観光案内所を設け、外国人観光客にも分かりやすく情報を提供するようにしています。

さらには、外国から北海道に来られた方に、気持ちよくショッピングや滞在を楽しんでいただくため、百貨店や小売店の販売員を対象とする、外国語表示のタブレット端末など接客ツールの活用に関する研修の実施や、地域の観光協会や観光施設などの従業員を対象とした、指さし会話集など簡単な会話ツールを使用した外国人観光客との会話の実践的研修を実施しています。

人手不足の解消に向けては、貸切バス運転手を目指す方を対象に、大型二種免許取得に必要な技術指導や接客マナーなどの研修を行う事業のほか、宿泊施設への就職を希望する学生や求職者を対象とするインターンシップ事業を行い、観光産業に関わる人材の確保・育成に取り組んでいます。

ブランドイメージの形成については、テーマ性・ストーリー性を持った一連の魅力ある観光地として、道東の「アジアの宝　悠久の自然美への道　ひがし北・海・道」と道北の「日本のてっぺん。きた北海道ルート。」の二つの広域観光周遊ルートが国の指定を受けており、関係の皆さまや

国と連携して、地域の観光資源の磨き上げや新たな観光商品の開発を行い、旅行会社や一般の方々にその魅力をPRしています。

また、夏の冷涼な気候や冬のパウダースノーなど、本道の多様な自然環境をPRし、サイクリングが人気となっている台湾や、スキー人口の多いアメリカ、イギリスの皆さまに、北海道の雄大な自然の中でアウトドアスポーツを楽しんでいただくなど、いわゆるスポーツツーリズムについても取り組んでいます。

インバウンド観光客のニーズの多様化とともに、団体旅行から個人や家族など小グループによる旅行が増加しています。こうした観光を取り巻く環境が変化している中で、さらなる北海道観光の振興のため、今後とも地域資源の発掘や磨き上げを継続的に行い、国内外の方々を魅了し、国際的に競争力のある、質の高い観光地づくりを進めてまいります。

道内空港の一括民営化で、受入機能を強化

――北海道では複数空港の一括民営化（バンドリング）も検討されていると伺いました。

高橋　四方を海に囲まれた本道において、空港は道外から多くの人々を招き入れる玄関口であるとともに、地域にとっては観光をはじめ経済・産業の振興や医療の確保など、日々の暮らしの中で欠かすことのできない重要な拠点であり、また、それぞれの空港の後背圏に

〈北海道内の空港の概要〉　　出典：国土交通省資料

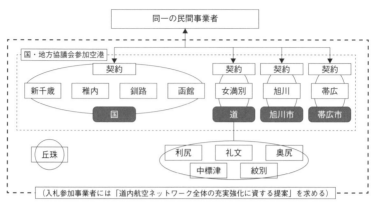

〈道内7空港の一括民間委託のイメージ〉

は、豊かな自然環境や固有の歴史・文化、さらには農林水産業など多様な資源が広がっていることから、上質な滞在交流型の観光地づくりと広域観光ルートの形成にも大きな役割を果たしています。

　本道では、全国でも前例のない民間委託の手法を活用した管理者が異なる7空港の一体的運営を通じて、道内航空ネットワークの充実強化や道内空港の機能強化を図るとともに、こうした取り組みを広域観光の振興や地域経済の活性化につなげていくことを目指しており、その実現に向けた地元意見として2016年12月に、「北海道における空港運営戦略の推進」（北海道発の提案）を取りまとめ、国に提出しました。

　道内空港の管理者である国、道、旭川市、帯広市は、7空港の一体的な運営の確保に向け、一括民間委託を一緒に進めていく上での基本的な考え方を五つの原則にまとめ、この原則に基づき、制度設計に取り組んでいくこととしており、17年度はマーケットサウンディング（民間投資意向調査）と実施方針の策定・公表、18年度からは運営権者の選定プロセス、業務引継といったスケジュールで、20年度からの空港運営事業開始を目指しています。

　入札参加を検討している民間事業者には、民間ならではの自由で柔軟な発想を最大限発揮して、7つの空港を一体的に運営することによって、

魅力と活気あふれる空港の実現のみならず、空港間連携による道内全体での受入量の拡大や新たな需要の創出、道内航空ネットワークを生かした全道各地への送客など、航空ネットワークの充実強化が図られる提案を期待しています。

　また、こうした取り組みを広域観光の振興や地域経済の活性化につなげていくためには、それぞれの地域が一体となって魅力や価値を磨き上げ、多くの人々を魅了する地域づくりを積極的に進めていくことも重要です。地域の皆さまと運営権者、空港管理者等の関係者とが手を携え、民間による空港運営を最大限に生かした地域づくりを進めることで、その効果が広く北海道全体に及ぶよう、道として中心的な役割を果たしていきたいと考えています。

――新千歳空港と道内地方空港の役割分担はどのようになるのでしょうか。

高橋　新千歳空港は、国内外を合わせて年間2000万人を超える皆さまにご利用いただいており、道内外を結ぶ航空輸送ネットワークの拠点、北の空の玄関口としての役割を担っています。特に、海外からの航空路線は、韓国や中国、東南アジアを中心に、週179往復（17年7月現在）が運航されるとともに、大型機材による運航も多く、貨物スペースの利活用が期待できることから、国際拠点空港化を目指す中で、人流・物流のさらなる拡大に取り組んでいます。

　新千歳空港の昼間1時間当たりの発着枠が32便から42便に拡大されるとともに、深夜・早朝時間帯の発着枠も計6便から計30便に拡大されたことに伴い、今後、さらに利用客が伸びると予想され、2020年の東京オリ・パラに向け、国際線ターミナルビルの増築や誘導路の増設など、さらなる機能強化に向けた事業が進められています。

　一方で、来道外国人500万人の達成に向けては、他の道内空港も含めた全道での受入体制の強化が課題です。国際線の受入能力の拡大に向けて

は、本年、函館空港や帯広空港において国際線旅客ターミナルビルの増改築が行われたほか、来年度には旭川空港においても増築が予定されており、加えて、道として、グランドハンドリング要員採用の支援を実施するなど、道内全体での海外からの直行便の受入体制の整備が進められています。

　また、道外の国際空港から乗り継いで来道していただくため、航空会社には包括連携協定による取り組みの一環として、運賃引き下げなどを積極的に展開していただいており、道としても航空会社に対するデアイシング（航空機積雪除去）経費を財政支援するなど、関係者が連携した取り組みをさらに強化していきたいと考えています。

　こうした中、17年7月4日には、函館・釧路・稚内・旭川・帯広・女満別の6空港が国の総合的支援を受けられる「訪日誘客支援空港」に指定されたことから、この支援制度も活用し、道内空港の連携強化に一層取り組んでいきます。

〈「アジアの宝 悠久の自然美への道 ひがし北・海・道」形成計画概要〉

――空港が立地している自治体との連携はいかがでしょうか。

高橋 各空港の所在地域におきましては、航空路線の維持・拡充に向けて、地元の経済界や自治体が中心となり、国際・道内外路線の誘致に向けたプロモーション活動や国際チャーター便の着陸料や施設使用料等の減免、保安機材等導入への支援など、それぞれの地域の特色を生かした取り組みを進めています。

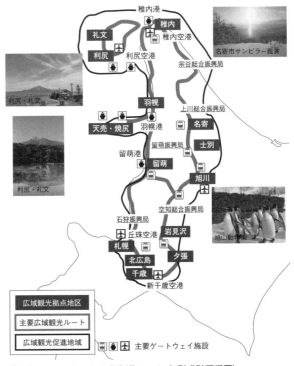

〈「日本のてっぺん。きた北海道ルート。」形成計画概要〉
出典：観光庁資料、写真：北海道、上川総合振興局

また、国の広域観光周遊ルート形成促進事業の指定を受けた、道東地域の「アジアの宝 悠久の自然美への道 ひがし北・海・道」（「プライムロードひがし北・海・道 推進協議会」）および道北地域の「日本のてっぺん。きた北海道ルート。」（「きた北海道広域観光周遊ルート推進協議会」）では、本事業を活用して情報発信やプロモーションを行うとともに、海外からの観光客等の誘客に向けた広域的な取り組みを重点的に行っています。

知事が語る観光による地方創生／千葉県

千葉県知事　森田健作

地域住民の声をしっかりと受け止め、地域に支えられた成田空港に

――貴県は、首都圏空港の一翼を担う成田国際空港を有しておられます。インバウンドという視点で見ると、外国人観光客が入国のために利用した空港のトップ（約30％・2016年時点）になっています。

森田　成田空港は、世界各地とバランスのとれた航空ネットワークを持つ東アジア有数の国際基幹空港です。インバウンドにおいても外国人観光客の利用トップを誇り、まさにゲートウェイとしての責任を果たしていると言えるでしょう。

　2015年に第3旅客ターミナルビルが完成し、年間発着枠30万回化への対応が完了しました。LCCなどが相次いで新規就航した結果、国際線、国内線ネットワークの拡充が進み、16年度には航空旅客数が過去最高の3962万人を記録しました。発着枠拡大の効果は確実に現れてきていると言え、大変心強く思っています。

――20年の東京五輪・パラリンピック開催など今後の動きを展望すると首都圏空港としての容量はまだまだ必要ではないかとの見方もあります。

森田　日本経済の再生のためには、アジアを始め世界の成長を取り込むことが重要です。そうなると、首都圏と諸外国の交流を支える首都圏空港の役割はますます高まることは間違いありません。

　こうした中で、国から当県と空港周辺自治体に対し成田空港の更なる機能強化が必要だとして協力の要請がありました。このため、国および空港会社、県、空港周辺9市町で構成する四者協議会で議論を重ね、昨

年9月に空港会社から第3滑走路の整備やB滑走路の延伸、夜間飛行制限の緩和——など空港機能強化についての具体的な提案があったわけです。

——こうした提案に対し、森田知事のお考えをお聞かせください。

森田 私自身、空港は、産業や観光の振興に直結するインフラで、経済発展の核だと思っています。

従って、成田空港がさらに成長していくことは空港周辺の市町のみならず、県全体の発展につながります。また、わが国の成長戦略の早期実現にも必要不可欠ですから、同空港の機能強化にはしっかりと協力していくつもりです。

一方、同空港は大規模な内陸空港ですから現在提案されている機能強化策は、地域に対しても多大な影響を与えます。このため、地域住民に対し丁寧な説明と理解を得ることが何よりも重要だと考えています。

——**地域住民に対しては、具体的なアクションはあったのでしょうか。**

森田 昨年9月の四者協議会以降、空港周辺地域では、100回を超える住民説明会が開催され、生活環境への影響を心配する声や、切実な要望など住民の皆さんから率直な意見を頂戴しました。今年5月末には、私自身も空港周辺を視察し、地元の方々と直接意見交換を行いましたが、地域住民の生活環境への配慮が

【プロフィール】
もりた・けんさく
1949年12月16日生まれ。東京都出身。私立正則高等学校卒業、明治学院大学中退。
71年日本テレビ「おれは男だ！」がヒット。91年テレビ朝日「森田健作の熱血テレビ」メインキャスターを務め、92年参議院議員当選、96年沖縄開発政務次官、97年文部政務次官、98年衆議院議員当選、文部政務次官、2009年より千葉県知事。現在3期目。

重要だと改めて実感しました。

　こうした住民の意見を踏まえ、6月に開催された四者協議会では、空港会社から機能強化策のうち、夜間飛行制限の緩和などの見直し案が提案されました。本県からも落下物対策として成田空港周辺地域独自の対策の創設などかなり踏み込んだ提案も行いました。

――つまり機能強化の検討を進めるには、地域住民の声をしっかりと受け止め、課題の解決に向けて具体的に検討することが重要なのですね。

森田　その通りです。本県としても騒音対策や、空港周辺の広域的な地域づくりを、国・地元市町・空港会社と協議し、地域住民に支えられた成田空港になっていけるよう努力したいと思います。

――空港周辺の地域づくりについて、具体的に考えておられることがあれば教えてください。

森田　成田空港の更なる機能強化の実現には、環境対策の充実と併せて、地元市町の協力が不可欠であると考えています。地元市町では、空港の

- 空港周辺地域の地域振興策の方向性・内容を掲げた「基本プラン」を、四者協議会において、今後策定していく。

【策定にあたってのポイント】
① 道路、河川、農業用水等の社会生活基盤の整備のほか、交通利便性の向上、観光・農業振興、企業立地、教育・子育て環境の整備など幅広い分野を検討対象とする。
② 市町の意見や要望を丁寧に把握しながら、検討・策定作業を進めていく。
③ 県と各市町との間で協議を行う場を、市町ごとに設置するなど地域づくりの体制を立ち上げ、検討を速やかに開始する。

［地域づくり体制のイメージ］

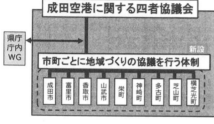

〈空港周辺の地域づくりについて〉

発展が地域の発展にもつながることを期待し、地域振興策の策定を強く求めており、先日の四者協議会でも、地域振興策の方向性や内容を掲げた「基本プラン」を同協議会で策定していくことが確認されました。そこで、本県としましても周辺市町に対し、地域づくりに関する意見や要望をヒアリング調査し、現在、国、空港会社と連携しながら、基本プランの策定に取り組んでいます。

成田空港効果で、インバウンドは過去最高を記録

――貴県の観光戦略はどのような内容でしょうか。

森田 2020年東京オリンピック・パラリンピックの開催を見据え、2014年に「第2次観光立県ちば推進基本計画」を策定しました。この計画は、①「何度でも訪れたくなる魅力ある観光地づくり」②「競争力のある観光産業の創出」③「戦略的な国内観光プロモーションの展開」④「国際的観光地としての地位の確立」――の4つの戦略から構成されています。

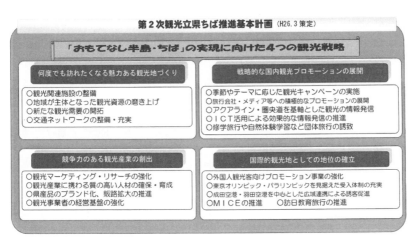

〈第2次観光立県ちば推進基本計画〉

特に、「国際的観光地としての地位の確立」については、成田空港を有する優位性を生かした広域観光ルートの開発や観光プロモーションを積極的に進めています。

——インバウンドの状況はいかがですか。

森田 2015年のデータですが、当県の外国人宿泊客数は、約278万人となっており、14年と比べ97万人増えています。当県には、伝統・文化、味覚などの観光コンテンツが豊富にあり、しかも空港からほんの少し足を伸ばすだけで堪能していただけるということをもっとPRしていく必要があると思います。

——森田知事も、台湾・タイ王国・マレーシアに赴きトップセールスをされたと聞いています。

森田 はい。直接、交渉することができたので非常に有意義だったと思います。今年度は上記3カ国に加え、成田空港の利用が高いベトナムに

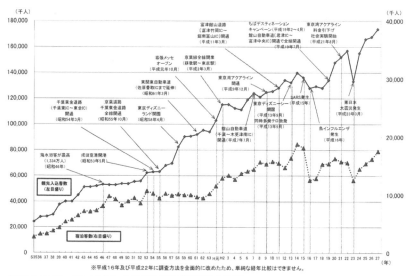

〈観光入込客数（延べ人数）の推移及び千葉県観光の沿革〉

対しても職員が観光PRを実施していく予定です。

——20年に開催される東京五輪・パラリンピックでは、レスリング、フェンシング、テコンドー、サーフィンなど8競技の開催場所になっておられるそうですね。

森田　はい。今後、本県が世界に向けて発信される機会が多くなっていくはずです。この機を逃さず、より一層国内外からの観光客誘致に努めていきたいですね。

観光に直結する道路インフラの充実も

——観光戦略を展開する上で、圏央道などの道路ネットワークなどのインフラ整備も非常に重要だと思いますが、森田知事のお考えをお聞かせください。

森田　圏央道をはじめとした道路ネットワークの整備は、成田空港の利便性向上という面もありますが、まずは県民の命を守るという意味で防災力が強化されるのが大きいと考えています。経済面においても、人とモノの流れがスムーズになることで、企業立地の促進、物流の効率化を

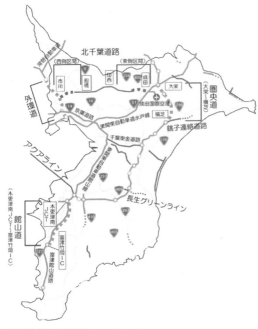

千葉県内の主要道路ネットワーク

通じて、本県はもとより、首都圏全体の経済活性化に大きく貢献すると考えています。

——圏央道やその周辺道路の進捗状況を教えてください。

森田 本県の骨格となる圏央道は、県内唯一の未開通区間である大栄・横芝間が、いよいよ今年度から工事に着手することが決まりました。全線開通に向けて弾みがつきます。圏央道などの整備効果を県内各地に波及させるため、銚子連絡道路・長生グリーンラインといった地域高規格道路や、国道・県道の整備も推進しています。

——アクアラインについてはいかがでしょうか。

森田 アクアラインは、通行料金の引下げにより、首都圏全体で（2014年4月から2016年9月の間で）約1、155億円の経済波及効果があると推計されるなど、圏央道と一体となって首都圏全体の経済活性化に大きく貢献しています。従って、料金引き下げの継続が必要不可欠だと言えるでしょう。

——その他の幹線道路の進捗状況と期待される効果を教えてください。

森田 外環道の県内区間は、今年度に開通の見込みで、首都圏各地へのアクセスが向上するとともに、生活道路の安全性向上、道路沿道環境の改善にもつながると思います。

また、休日になると南房総方面などへ向かう車で激しい渋滞が発生している館山道については、四車線化の工事が来年度の完成に向け、順調に進められています。この機会を捉え、観光客の増加などさらなる観光振興を期待しています。

　さらに、外環道と成田空港を最短で結ぶ北千葉道路については、現在、印西・成田間で、国と県で分担して整備を進めているところであり、市川から船橋の小室インターチェンジ間については国の協力を頂きながら、速やかに都市計画変更や環境アセスメント手続きに着手し、早期事業化を目指したいと思います。

　いずれにせよ、こうした本県の道路ネットワークの整備・強化を進めていくには、国の支援が不可欠です。従って、本県としましても国の事業に積極的に協力していくとともに、本県の事業にも一層の支援をいただきながら、経済活性化や観光振興に向けて取り組んでいく方針です。

知事が語る観光による地方創生／福岡県

福岡県知事　小川　洋

福岡・北九州のインバウンド増加を目指し、福岡空港および北九州空港両空港の機能分担を進め、相互に補完しながら九州ゲートウェイの役割と責任を果たす

――福岡県を訪れている外国人観光客が過去最高を更新されていると伺いました。

小川　本県は古代の昔から中国や韓国などアジアとの玄関口（ゲートウェイ）の役割を果たしてきました。2016年、2500万人の外国人観光客がわが国を訪問しましたが、そのうち約370万人が九州を訪れ、さらにその約7割に当たる260万人が福岡に来ていただいています。つまり、今も本県はゲートウェイの役割を果たしていると言えるでしょう。

　私は小泉内閣における内閣審議官の時「観光立国懇談会」の事務局長を担当していましたが、昨年の訪日外国人観光客数が2500万人を超えているという状況は、03年の「観光立国懇談会」で、訪日外国人観光客数約500万人を、10年に倍増させ、1000万人にするという目標を掲げていた当時から隔世の感があります。

――国は、「観光立国推進基本計画」をまとめ、観光をわが国成長戦略の柱に据えるとしています。

小川　マクロの視点で説明しますと、16年にインバウンドによる外国人観光客が国内で消費した金額は、約3兆7000億円です。一方、自動車輸出額が11兆3000億円、化学製品の輸出額が7兆1000億円ですから、インバウンドによる消費額は自動車、化学製品の輸出額に続く規模に成長していると言えます。しかも、観光は外国からわざわざ来てくれる効果的

な輸出産業と言い換えることもできるでしょう。

　本県の場合も、観光は、既に鉄と自動車関連輸出額を上回っています。つまり、地方にとって観光は、裾野が広く地域の雇用を下支えしている主要産業と捉えるべきで、地域全体に及ぼす経済効果も大きくなります。従って、地方は、観光に対して地域ぐるみで戦略的に取り組む必要があると考えています。

県内各地に観光客を呼び込む「福岡県観光振興指針」を策定

——ぜひ、貴県の観光戦略についてご説明ください。

小川　本県では、このほど県内各地に観光客を呼び込み、消費と雇用を生み出すための「福岡県観光振興指針」を策定しました。指針には数値目標を掲げ、福岡に来ていただく感謝の意味を込めて"ご来福"のキャッチコピーを用いています。

　"ご来福"を促進するために、五つの宣言、すなわち①歴史を活かして、来福客の「記憶」にとどめます！②食を活かして、来福客の「胃袋」をつかみます！③価値ある旅で来福客の「心」をつかみます！④「地消地産」で、来福客と「幸せ」を分かちます！⑤心を込めたもてなしで、またの「ご来福」をお待ちします！——などを掲げています。

——数値目標について、もう少し詳

【プロフィール】
おがわ・ひろし
1949年5月17日生まれ。福岡市出身。福岡市立西新小学校、福岡市立百道中学校、福岡県立修猷館高等学校、京都大学法学部を卒業。73年通商産業省入省。外務省経済協力開発機構日本政府代表部一等書記官〜同参事官、経済産業省産業技術環境局長、特許庁長官、内閣官房知的財産戦略推進事務局長、同内閣広報官を歴任。2011年より福岡県知事。現在2期目。

"ご来福"エンブレム。

しく教えていただけますか。

小川 2016年度実績を踏まえ、当面19年までの目標として、①外国人入国者数414万人（16年実績・260万人）②県内延べ宿泊数1984万人泊（同・1612万人泊）③外国人宿泊数588万人泊（同・267万人泊）④観光消費額1兆2407億円（同・9620億円）⑤旅行者満足度（良い＋大変良い）85.0％（同・76.8％）⑥再訪意向（是非また来たい）60.0％（同・53.6％）―などを思い切って設定しました。

――数値目標を設定するに当たり、テーマや課題などはあったのでしょうか。

小川 実は、これまで本県の観光には課題が四つありました。まず、観光客の動向が都市部に集中してしまうという点です。地域経済の活性化を考えると、都市に集まった観光客をどのように周辺市町村へ周遊させるかが大事になってきます。次に、国別外国人観光客のバランスの問題です。本県の宿泊数を分析してみると、どうしてもアジアからの観光客が多いわけです。従って、欧米からの観光客をどう増やし満足度を高めていけるかが第二の課題です。三つ目の課題は、旅館の稼働率をどのように高めていけるかという点です。全国の旅館稼働率は平均38％の水準ですが、本県の場合、稼働率は29％に留まっています。従って、県内旅館の利用促進を図る必要があります。四つ目の課題がハード、ソフト面での受入環境の整備です。特に、Wi-Fi環境整備や多言語対応等を進めていくとともに、特に、これから

	2016 (H28) 年実績	2019 (H31) 年目標
外国人入国者数	260万人	414万人
県内延べ宿泊数（うち外国人）	1612万人泊（267万人泊）	1984万人泊（588万人泊）
観光消費額	9620億円	12407億円
旅行者満足度（良い＋大変良い）	76.80％	85.0％
再訪意向（是非また来たい）	53.60％	60.00％

〈観光の実績と数値目標〉

観光振興を担っていく人材を、どうやって地域で育てていくかが大きなテーマになりますね。

——課題解決に当たり、「福岡県観光振興指針」にはどのように反映されているのでしょうか。

小川 まずは、県内各地を回ってもらうために、観光資源の魅力を高める仕掛けづくりですね。本県を訪れる観光客の意識調査を見ると、訪問理由として、ショッピング、名所・旧跡、グルメの順番になっていました。特に、グルメと名所・旧跡に着目し、食については、県内各地においしい食材があるから、食の魅力を発信していけば、食を核にした新しい旅行商品をつくっていける可能性があるだろう、と。それから名所・旧跡については、アジアとの交流の拠点だっただけに、明治日本の産業革命遺産や、先日世界遺産に登録された「神宿る島」宗像・沖ノ島と関連遺産群、さらに山本作兵衛の炭鉱記録画など県内各地に歴史文化コンテンツがあふれています。ですからこういった歴史文化を新しい地域の魅力にしっかり磨き上げて、ブランド化していきたいですね。

　"ご来福"された観光客が、安全・安心、快適に楽しんでもらえるための受入環境の充実にも心を常に配っています。旅館の宿泊客数を増やしていくためには、旅館をサポートする体制づくりが必要なので、「ふくおかよかとこコールセンター」と銘打って、24時間365日体制で英語・韓国語・中国語・タイ語をはじめ、14言語に対応したコールセンターを設置しました。

　ハード面においても、本県は、まず福岡・北九州各空港を持っていますし、JR博多駅、さらにクルーズ船の博多港をはじめ、北九州港など多数のゲートウェイ・インフラを抱えています。こうしたインフラの利便性を常に高めていく努力が必要だと認識しています。

福岡・北九州の2空港の役割・機能分担を進め、相互に補完しながら九州ゲートウェイの責任を果たす

——ゲートウェイ・インフラの利便性を高めるという点につきまして、特に福岡・北九州と二つの空港に焦点を当ててお話を伺いたいのですが。

小川 本県は、航空機による空路、鉄道や自動車による陸路、それから最近脚光を浴びているクルーズ船などによる海路と、外国人観光客に多様なアクセス手段を選んで"ご来福"いただけるのが大きな強みと言えます。中でも空路は、アジアを中心に9カ国・地域、20路線が就航して、週に680便も飛んでいますから、集客力が高く戦略的に最も重要なアクセス手段だと考えています。国にもご協力いただきながら福岡空港・北九州空港の2空港の役割・機能分担をしっかり行って、相互に補完し合いながら、九州のゲートウェイの責任を果たしていきたいと思います。

——福岡・北九州の2空港について、どのように位置付けておられるのか教えてください。

小川 福岡空港は、2016年実績で、年間、国内外合わせて約2200万人の乗客数で、うち国際線利用者数は500万人を超えており、外国人の入国者数は、163万人と成田、関空、羽田に次いで4番目の多さです。特長は、JR博多駅から地下鉄でわずか5分というアクセスの良さで、二次交通の利便性は世界でも屈指です。新幹線を活用し、九州のみならず山口・島根・広島県からも誘客しており、実績からも西日本を代表する拠点空港と言えると思います。欧米豪各国や東南アジアとのネットワークを拡大し、将来的には、アジアの拠点空港を目指したいと考えています。しかしながら滑走路1本の福岡空港は混雑が常態化し、航空会社の航空ニーズ

福岡空港（左）と北九州空港。

福岡県知事 小川 洋

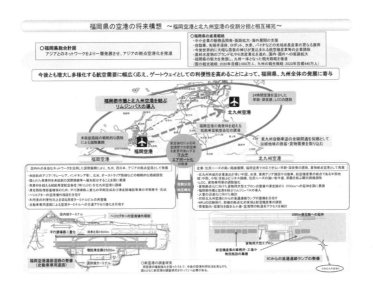

に対し十分に対応することができていないという課題を抱えています。

　一方、北九州空港は、海上空港で24時間稼働可能という特長があり、同空港周辺の東九州自動車道沿線には自動車関連産業が集積していますから、物流拠点空港としても発展できるポテンシャルを備えています。国際線は、地元の北九州市、苅田町と協力して路線誘致をしています。16年度から3年間を強化期間として、誘致活動を行った結果、16年の10月以降、大連・釜山・仁川の3路線が相次いで就航しました。これにより、17年上半期の外国人入国者は全国で8番目、九州では福岡空港に次ぐ人数になっております。今後もLCCやチャーター便をどんどん受け入れるとともに、福岡空港の発着枠を超えて就航を希望している便を誘導していきたいと考えています。

　福岡空港の利便性については先述の通りですが、福岡空港は市街化区域に立地しているため利用時間に限りがあり、深夜・早朝に航空機を飛ばすことができません。一方、北九州空港では24時間稼働という特性を生かすため、県のイニシアチブで深夜・早朝にリムジンバスを運行して

福岡グルメは外国人にも人気。(福岡市提供)

おり、福岡市内との間を1000円で利用できるようになっています。これにより、福岡空港に就航できない深夜・早朝便を北九州空港で受け入れることができるわけです。

——福岡空港と北九州空港の役割・機能分担を戦略的に行って、相互に補完し合うと言われた意味がよく分かりました。ところで、福岡空港は、コンセッションを実施されると聞いていますが。

小川 19年4月の民間委託の開始に向けて手続きが進んでいます。航空ネットワークの拡充、旅客ターミナルビルの充実や多様なサービス提供など、民間らしい創意にあふれた空港運営により、利用者の利便性および空港の魅力をそれぞれ向上し、福岡空港がより一層活性化され、アジアの拠点空港として広域的な地域の振興・発展につながることを大いに期待しています。

一方で、今後福岡空港がアジアの拠点空港として発展していくためには、先述のとおり、現在の滑走路1本では限界があります。そこで滑走路の処理容量の拡大と常態化している混雑を解消するための空港機能の強化を行っています。まずは、国内線ターミナルビルのセットバックと平行誘導路の二重化を19年度に実現することとし、2本目の滑走路の建設が25年3月末の供用開始に向けて進められています。私どもとしても、これらの事業の早期完成により、一刻も早い処理容量の拡大が図られることを大いに期待しており、協力を行っているところです。

新たな空港運営会社には、こうして生じる貴重な発着枠を、アジアの拠点空港として相応しい国際航空ネットワークを形成するために、有効に活用して欲しいと考えています。

——つまり、新ターミナルビルの運営と、新滑走路の活用が運営権者によって行われていくというわけですね。

小川　その通りです。福岡空港の場合は、アジアとの結び付きが非常に増えていますし、空港運営はビジネス面で安定した事業になり得ると思います。処理容量が増えれば、航空ネットワークも増え、利用客数が増えることは間違いありません。ターミナルビルも、今回の再整備により、地下鉄空港駅と出発ロビーがエスカレーターで直結されるなど利用客の利便性は飛躍的に向上すると同時に店舗面積も現在よりも3割増床される予定で、運営権者にとってビジネスモデルが立てやすくなっています。コンセッションによって、空港が活性化すれば、欧米豪や東南アジアなど戦略的な路線が誘致しやすくなると考えています。

観光には、物事の先を見通すビジネス視点が求められる

――福岡空港の新滑走路と新ターミナルビルの運営をコンセッションによって民間の視点を取り入れ、前に進めていく発想は素晴らしいですね。

小川　これからの空港運営において、民間らしい創意工夫や経営能力と地域の戦略や方針が連携していくことが重要であると同時に、私自身は観光においても、民間との連携という発想が欠かせないと考えています。例えば、福岡は豚骨ラーメンが有名なのですが、世界各国に既に豚骨ラーメン店が進出しているわけです。こうした世界各地に進出している豚骨ラーメン店に協力してもらって、本県の観光素材や食の魅力などを情報発信してもらって、豚骨ラーメン発祥の地「福岡」に「本物を食べに行こう」というキャンペーンを行っています。福岡への旅行が当たる抽選会も実施して、外国人観光客に"ご来福"いただいています。

――小川知事のご説明を伺うと、観光には、物事の先を見通す視点、まさにビジネス視点が求められていると感じます。

小川　2020年は東京オリンピック・パラリンピックが開催される重要な年ですが、本県では、2019年も重要な年と位置付けています。この年は、

ラグビーワールドカップがアジアで初めて開催される記念すべき年なのです。もちろん、本県も会場地になっていますが、ラグビーはイギリスで始まったスポーツで、参加している国は先進国が多いわけですね。開催期間もオリンピックと比べてはるかに長く44日間になります。その間、応援する各国の応援団やファンもわが国を訪れるわけですから、消費に結び付く可能性は大きいですし、この人たちが将来、リピーターになって再び"ご来福"する可能性も高い。観光には、こうした物事の先を見通しながら戦略を立てる視点が必要だと常々考えています。

観光の新たな潮流

公益社団法人日本観光振興協会理事長
久保成人 …………………………………………… 94
真の観光立国実現の
ために

■一般社団法人　中央日本総合観光機構 …………… 104
戦略的なマーケティングとメディア
連携によって、セントラル・ジャパン
（中央日本）ブランドを創り出す

■一般社団法人　せとうち観光推進機構 …………… 114
瀬戸内ブランドの確立で
"地域再生と成長循環"の実現を
　──民間の手法と行政の役割を兼備した観光DMOとして

観光の新たな潮流

公益社団法人日本観光振興協会理事長 久保成人

真の観光立国実現のために

――2017年度から20年度までの、新たな「観光立国推進基本計画」が閣議決定されました。

久保 「明日の日本を支える観光ビジョン」を踏まえ、観光は、わが国の成長戦略の柱、地方創生の切り札であるとの認識の下、拡大する世界の観光需要を取り込み、世界が訪れたくなる「観光先進国・日本」への飛躍を図るとしています。観光立国実現に関する基本方針としては、①国民経済の発展②国際相互理解の増進③国民生活の安定向上④災害、事故等のリスクへの備え――の四つが挙げられています。

――久保理事長は、20年までの訪日外国人観光客4000万人はクリアできるとの見通しを示されていました。

久保 16年の訪日外国人観光客は、過去最高の約2404万人を記録しました。これは、航空路線の拡充やクルーズ船寄港数の増加、訪日旅行プロモーションが効果を上げたことが要因として挙げられます。恐らく今後も伸び続け、20年に4000万人をクリ

【プロフィール】
くぼ・しげと
1954年1月15日生まれ、大阪府出身。大阪府立北野高等学校、京都大学法学部卒業後、77年運輸省入省。98年航空局管制保安部保安企画課長、99年大臣官房文書課広報室長、2001年1月国土交通省大臣官房広報課長、7月海事局海事産業課長、02年鉄道局幹線鉄道課長、03年7月大臣官房参事官（人事）、04年大臣官房人事課長、05年航空局監理部長、07年鉄道局次長、09年海上保安庁次長、10年鉄道局長、12年大臣官房長、13年観光庁長官、16年6月より現職。

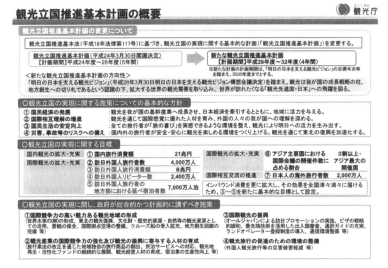

観光立国推進基本計画の概要

アできる可能性は高いと思っています。

　実は、年間4000万人の外国人を呼び込める国というのはほとんどありません。日本は島国ですから、飛行機や船舶、つまり空路や海路で来ていただくわけですが、こうした手段で来られる旅行客数を集計した結果、4000万人を達成できればその時点で世界第3位の観光大国になることを意味します。ちなみに1位はスペイン、2位は米国になります。

――世界第3位とはすごいですね。フランスが入っていないのが意外な感じがします。

久保　フランスは年間約8000万人を集める観光大国ですが、実は4分の3に当たる約5000万人は陸路、つまり車やバス、鉄道などを使って来ているのです。つまり、旅行というよりは、食事に行ったり買い物をする感覚で訪問している人たちも含まれているわけです。空路や海路を利用する旅行客は、残り3000万人になりますから、仮にわが国が4000万人を達成するとフランスを追い越せるというわけですね。

観光の新たな潮流

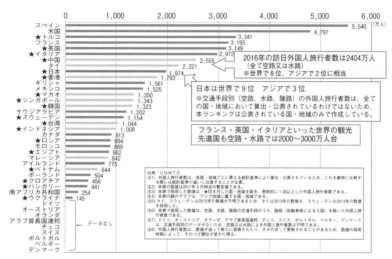

〈空路または水路による外国人旅行者受入数ランキング（2015年）〉
2020年に訪日外国人観光客4000万人を達成すれば、トルコを抜いて世界第3位に踊り出る。
出典：観光庁

——なるほど。では、20年に4000万人を達成すれば、アジアではナンバーワンの観光立国というわけですね。

久保　はい。当然ながら日本への外国人観光客は圧倒的に空路を使って来られますので、空港の容量、ターミナルの拡充、航空路の充実が必須になってきます。

——**首都圏（羽田、成田）や関西国際空港などの主要空港から地方空港へ乗り継ぐ路線ネットワークを広げていく考えもあると思いますが。**

久保　主要空港を拠点に、LCCを含めた国内路線を利用して、地方に行っていただければ理想的です。ご案内の通り、LCCの発展により、利用者の立場から見れば、地方に行く選択肢が大きく広がりました。もちろん航空機だけでなく、新幹線という方法もあるし、高速道路を利用してレンタカーや高速バスで行く方法もある。観光サイドからすれば、外国人観光客が利用しやすい選択肢をできるだけ用意し、利用者のニーズに応じて選んでもらえる仕組みを構築してもらいたいと思いますね。

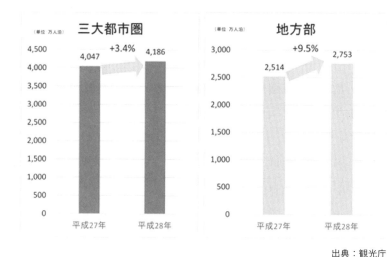

〈三大都市圏および地方部における外国人延べ宿泊数比較〉

――空港が拠点の役割を担うとすると、そこからの二次交通が大きな意味を持つのではありませんか。

久保 ご指摘の通りです。地方空港までは行けるけど、そこから先がどうなっているのか、十分な交通が確保されていないと、観光資源があるにも関わらずその地域を訪れる人が増えないという事態に陥ってしまいます。前述の通り、インバウンドの数字そのものは順調に伸びていますが、現状は、東京・大阪・名古屋の三大都市圏に集中しています。つまり、首都圏から富士山を通って、東海道や京都、大阪などに向かういわゆるゴールデンルートが現在のインバウンドの実態で、これを地方の隅々まで広げることが日本全体にとっての課題になるわけですね。

特定の地域では、例えば京都ですが、インバウンドの集中・急増によって地元との関係で「ひずみ」が生じ始めています。この観点からも地域分散は喫緊の課題です。

空港からの二次交通を、どのように考えていくかが大きなポイントに

——では、具体的に空港からの二次交通をどのように確保していけば良いのでしょうか。

久保 「観光立国推進基本計画」にも記載されている通り、これから日本を訪れる外国人観光客はリピーターが増え、個人旅行が中心になっていくと考えられます。つまり、団体旅行ではなく、鉄道や路線バスなどの公共交通やレンタカーを利用するケースが増えると想定されるわけです。ところが、まだ日本ではレンタカーが、二次交通として明確な位置付けをされていません。

　海外の主要空港では、レンタカーが二次交通として機能しているケースが多く見られます。しかし、日本の大半の空港でレンタカーを借りようとすると、例えば空港ターミナルビルから送迎バスに乗ってレンタカー会社の敷地まで行かなければ借りられない仕組みになっているなど充分な受け入れ体制が取られていないことがあります。ひどい場合だと、送迎バスに乗るまでに混雑して1時間近く待った事例も報告されています。

青森空港ではターミナルビル直結でレンタカーに乗れる。

——例えば青森空港では、空港内にレンタカーの受付があって、そのままレンタカーを利用できるようになっているそうですね。

久保 確かに青森空港は、ターミナルビル内にレンタカーの受付があってそのままレンタカーを利用でき

ようになっています。しかし、青森空港の事例は、わが国の空港ターミナル全体の中では、少数派と言えます。全ての空港で青森空港のようにはいかない事情があります。とはいえ、レンタカーが空港からの二次交通としての役割をきちんと位置付けられていれば、「利便性が随分違うのに」と思える空港がいくつかあることも事実なのです。

──まさに、空港を拠点に、周遊観光をパッケージ化する仕組みづくりが極めて重要になってきますね。

久保 特に地方部においては、空港から先の交通を視野に入れて、いろいろなアイデアを事業化していく主体がどうしても必要です。単にレンタカーの活用だけではなくて、例えばバス交通をうまく組み合わせてルートを創造するとか、地域事情に応じた二次交通の構築がどうしても必要になってくるわけです。

日本版DMO、観光地域づくりのかじ取り役として期待

──その担い手になると期待されているのが、日本版DMO（Destination Management-Marketing Organization）ですね。

久保 DMOとは、観光地域づくりのかじ取り役として、観光地経営や観光資源の開発を行う法人を意味します。これまで、観光は行政、特に地方自治体や観光協会が主に関与してきましたが、そもそも行政には、観光地を経営するという発想はありません。民間会社なら当たり前の「今、どういう数字になっているのか」というデータをきちんと把握して、分析して、マーケットを決めて、戦略をつくって、商品を売る、いわゆるビジネス展開がこれからの観光地域づくりには求められているということなのです。

──現在、観光庁は日本版DMOの候補法人を158登録し、2020年までに世界水準DMOを全国で100組織形成するとしています。

目指すべき将来像	現状・課題および今後の対応
カリフォルニア州ナパ郡（米国） リーマンショックの影響により、観光産業への打撃や、観光等への補助金措置が難しい財政状況となったことを受け、DMOの役割が強化され、広域連携体制の構築や民間資金の呼び込みを本格化。 <特　徴> ○ **安定的な自主財源の確保** ・宿泊料金に対する2％の賦課金（Tourism Improvement Districts）の導入 ○ **専門職員による戦略的マーケティングの実施** ・2年に1回、ビジターズプロフィール調査を実施 ・調査結果をもとに、多くのキャンペーンを展開	**現状・課題** ○観光地の一体的なマーケティング、ブランディング等が十分に行われていないため、地域全体での観光消費の増大等に必ずしも繋がっていない。 ○効果的なマーケティングなどを戦略的に推進する専門組織である日本版DMOを全国各地で形成・育成していくことが急務。 **今後の対応** 2020年までに世界水準DMOを全国で100組織を形成するため、「3本の矢」による地域支援を実施。 ○ **情報支援・ビッグデータの活用促進** ・クラウドを活用したマーケティングツールである「DMOクラウド」を開発・提供し、「誰でも、簡単に、効率的に」行うことが可能に ・観光客の宿泊・属性データ、GPSの位置情報やSNS等のビッグデータの、地域の観光関係者による活用を促進 ○ **人的支援** ・海外知見も取り入れ、世界最先端の人材育成プログラムを開発・提供 ・専門的な知識を有するマーケッターの地域とのマッチングから、実際の地域派遣まで、一気通貫で支援 ○ **財政・金融支援** ・地方創生交付金により、KPIの設定とPDCAサイクルの確立の下、組織の立上げから自立的な運営まで総合的に支援。地域再生法を改正し、同法に基づく交付金として位置付け、安定的・継続的な運用を実現 ・官民ファンド、関係機関、広域DMOが連携・参画する枠組みを案件に応じ設置し、規制改革への働きかけとともに、民間による1兆円規模の事業に対する支援を実施

〈世界水準のDMOの形成・育成〉

久保 私ども協会としても、「地域が観光によって生きていき、元気になること」を積極的に支援していきたいと考えています。既に、DMOの組織立ち上げやノウハウ提供、人材養成などを支援しています。

　観光は、さまざまな分野、産業とつながっているとよく言われますが、他の産業を観光地経営主体、例えばDMOなどと連携させることが極めて重要だと思っています。今までは、例えば農業と組み合わせるケースが考えられたわけですが、最近、力を入れているのは地域金融機関と観光地経営の主体との連携強化です。

——観光庁の資料によると、DMOの目指すべき将来モデルとして米国・カリフォルニア州ナパ郡のDMOが挙げられています。リーマンショックの影響により、観光産業への打撃や補助金措置が難しい財政状況を受け、DMOの役割が強化され、民間資金の呼び込みが本格化したそうです。

　わが国でも、例えば、（公社）北海道観光振興機構、（一社）東北観光推進機構、（一社）中央日本総合観光機構、（一財）関西観光本部、（一社）山陰インバウンド機構、（一社）せとうち観光推進機構、（一財）沖縄観

光コンベンションビューローなど7法人が広域連携DMOとして、また、都道府県や複数市町村による地域連携DMOとして69法人、地方自治体単独の地域DMOとして81法人などが登録されています。こうしたDMOは、地域金融機関との連携が必要になるのでしょうか。

久保 例えば（一社）せとうち観光推進機構を例に説明しますと、これまでは瀬戸内海を主体的にセールスする組織がありませんでした。ご存じの通り、瀬戸内海は、1934年にわが国初の国立公園に指定され、クルーズ観光でも人気がありますし、しまなみ海道のサイクリングコースはアジア有数のサイクリングコースとして高い評価を受けるなど観光コンテンツ満載の地域です。

しかし、これまで瀬戸内海は、行政上、中国・四国ブロックに分かれていて、これを統一的に見る存在が何もなかったのです。だけど、外国人観光客をはじめ利用者サイドで考えると、瀬戸内海というパッケージで観光したいですよね。

そこで、瀬戸内の7県（兵庫・岡山・広島・山口・徳島・香川・愛媛

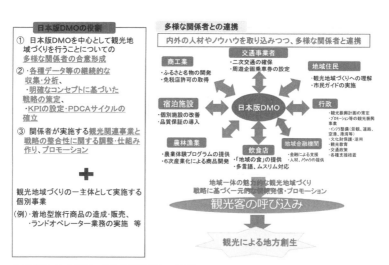

〈日本版DMOの役割、多様な関係者との連携〉

各県）と民間の企業団体が大きな観光地経営主体を設立し、併せて地域金融機関が民間企業とともに経営支援・資金支援を行う会社を設立しました。組織の中に、観光推進、つまりプロモーションを行う部隊と、別の部隊もある会社にはファンドがあります。このような組織ですと、プロモーションも行いつつ、良いものを選びリスク分散しながら、投融資が出来る仕組みになると期待されているわけです。

――地方銀行が入ることで、ビジネス組織としての形が整う、と。

久保 地域を良くするためのビジネスモデルを考える場合、資金源はやはり地方銀行の存在が大きくクローズアップされてくると思います。仮に一定期間、周知をして観光地としての知名度が上がっても、外国人観光客にとって「行きにくい」と判断されると、結局はビジネスとしては成り立ちません。そこで、あらゆるコンテンツを動員してビジネスを成り立たせるためにも、地方銀行が持つ人材やネットワーク、情報がポイントになってくるのです。

また、（一社）中央日本総合観光機構にも注目したいと思います。それは最高執行責任者（COO）に元・英国政府観光庁日本代表が就任しているからです。外からの目線での戦略が期待されます。

真の観光立国実現のために、インバウンド・アウトバウンド両面をバランス良く伸ばしていく視点を

――久保理事長のお話を伺って、インバウンドは、地域づくりとも密接に絡んでくるということが良く理解できました。

久保 現時点の訪日外国人観光客数2404万人という数字に立ち返ると、中国を始めとする東アジアからの旅行客のシェアが多いので目立ちませんが、南アジアや欧米豪からの旅行客も相当増えています。今後は、やはり欧米豪からの旅行客を増やしていくことがわが国インバウンド戦略

の重要なテーマになるでしょう。

——詳しく教えてください。

久保 欧米豪からの旅行客は、遠方から来る分、日本に滞在する日数を長く取る傾向にあり、落とす外貨も多くなると予想されます。一方で、わが国にとって中国からの旅行客もまだまだ増やす努力が必要だと感じています。

——と、言いますと。

久保 できるだけ多くの中国の皆さんに日本の現状を実際に見てもらうことがわが国の国益につながると思うからです。恐らく、普段自分たちが聞いている話と、直接日本で見たり聞いたりした体験談はギャップがあるはずで、日本での体験談を直接発信してもらうことが極めて重要になってくるでしょう。

——観光は、まさに**国際相互理解**につながるわけですね。

久保 その通りです。そういう意味においては、日本から海外に出かけるアウトバウンドを増やすことも極めて重要なテーマと言えます。わが国のアウトバウンド状況は、2012年の1849万人をピークに少しずつ減少し、16年に若干盛り返したものの1711万人に留まってしまっています。双方向の交流があってこその国際観光と言えるわけで、真の観光立国になっていくためにもインバウンド・アウトバウンド両面をバランス良く伸ばしていく視点が求められてくると思います。

観光の新たな潮流

一般社団法人 中央日本総合観光機構

戦略的なマーケティングとメディア連携によって、セントラル・ジャパン（中央日本）ブランドを創り出す

　一般社団法人 中央日本総合観光機構は、2016年12月に設立され、17年5月に活動を開始したばかりの広域連携DMOだ。まだ、知名度はそう高くないが、中部・北陸9県（富山・石川・福井・長野・岐阜・静岡・愛知・三重・滋賀）からなる「昇龍道プロジェクト」を進めてきた中部広域観光推進協議会が母体になったDMOと説明すれば、膝を打つ読者も多いのではないだろうか。

　そもそも中部・北陸エリアには、観光資源のビッグコンテンツが豊富にある。代表的な例を挙げても、富山県立山黒部アルペンルート、石川県金沢・兼六園や能登半島、福井県東尋坊、長野県松本城、岐阜県白川郷や飛騨高山、静岡県富士山、三重県伊勢神宮、滋賀県琵琶湖など枚挙にいとまがない。世界遺産、温泉百選、百名山、国宝天守閣など、実にバラエティに富んでいる。

　だが以前は、日本人には知名度が高くても海外では知られていなかったところがほとんどだったと言う。従って「こんなに素晴らしい観光資源があるのにも関わらず、(海外で知名度が上がらないのは)なぜだろう」という問題意識から、広域観光の展開と地域連携の推進を図ることを目的に「中部広域観光推進協議会」が2005年に設立された。問題の解は、割合早く見つかった。プロモーション活動を各県がバラバラで行っていたため、海外への訴求効果が十分でなかったことが指摘された。当然ながら肝心の外国人観光客には必要な情報が届けられていなかったため、

一般社団法人　中央日本総合観光機構

知名度がなかなか上がらなかったというわけだ。そこで、さらに強力に行政区域の枠を超え、地域一体となった活動をしていくため、12年に「昇龍道プロジェクト推進協議会」が設立。広域で周遊する傾向が高い外国人観光客の嗜好（しこう）を踏まえ、官民一体となり協働して推進するプロジェクトが開始された。

同プロジェクトは、中部北陸9県が広域的

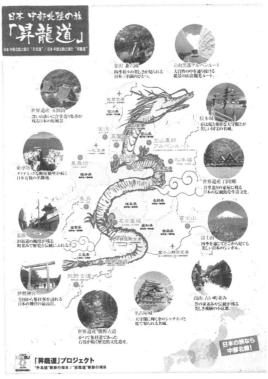

〈昇龍道プロジェクト〉

に連携して訪日外国人観光客の増加を目指したプロジェクトを指し、その個性的なネーミングは、能登半島の形が龍の頭に似ており、龍が昇っ

Company Profile

設　　立▶2016年12月26日
所 在 地▶愛知県名古屋市中村区名駅3-13-26交通会館ビル3階
　　　　　TEL：052-602-6651
代 表 者▶会長　豊田鐵郎（一社 中部経済連合会会長）
　　　　　副会長　久和　進（北陸経済連合会会長）
　　　　　業務執行理事（COO）　ハーヴィー・アシュリー・ジョン
資 本 金▶なし
スタッフ数▶13人

ていく様子を思い起こさせることから、名付けられた。

海外向けには、一貫したプロモーションによってインバウンド実績を着実に伸ばす

　このプロジェクトの大きな特長として、民間企業のノウハウがふんだんに盛り込まれていることが挙げられよう。推進体制として、会長には豊田鐵郎中部経済連合会会長（現・豊田自動織機代表取締役会長）が就任。事務局を国土交通省中部・北陸信越運輸局と中部広域観光推進協議会が担った。会員数は1994者（平成29年8月末現在）に上り、この会員数からも行政のみならず、中部・北陸の民間企業が熱心に同プロジェクトを支えていることがうかがえる。

　官民挙げてスタートした昇龍道プロジェクトは、実績面でも大きな効果を上げ、「わが国広域観光の良きお手本」（観光庁）として第6回観光庁長官表彰を受賞するなど高い評価を受けている。当初目標は、2015年

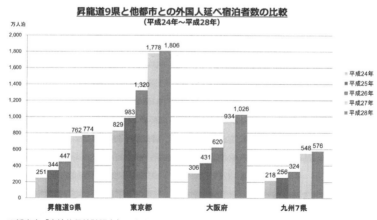

〈昇龍道9県のインバウンドの状況〉

度から３年間で延べ600万人を呼び込む計画だったが、初年度実績だけで762万人を記録。2016年度も784万人が記録されるなど順調に数字を伸ばしている。

同プロジェクトが成功している要因には、同プロジェクトの掲げた２大方針、すなわち①海外向けの一貫したプロモーションの実施、②地域の一体感を高めホスピタリティの強化に取り組んでいることが挙げられ

ベトナムへのミッション団の派遣（H28.8/2～5）

◆参加者： 計５７名
　　　　＜主な参加者＞鈴木中部運輸局長(ミッション団・団長)
　　　　　　　　　　久和北経連会長(昇龍道プロジェクト推進協議会・副会長)
　　　　　　　　　　三田中経連名誉会長(昇龍道プロジェクト推進協議会・相談役)
　　　　　　　　　　大野北陸信越運輸局次長、日置郡上市長、稲葉蒲郡市長

◆活動内容：①表敬訪問　　　　　　　　　　　　　　　　　◆成果：
　　　　　　　大手旅行会社、ベトナム旅行業協会、ベトナム政府観光局、　中部国際空港⇄ホーチミン
　　　　　　　在ベトナム日本大使館、ベトナム航空　　　　　線増便（週4便→週5便）
　　　　　　②ハノイおよびホーチミンの旅行会社へのセールスコール　　(H29年1月〜ベトナム航空)
　　　　　　③観光セミナー、商談会、交流会の開催

中野大使との上海プロモーション（H28.11/3～6）

◆参加者： 計12名
　　　　＜主な参加者＞中野良子昇龍道大使
　　　　　　　　　　鈴木中部運輸局長
　　　　　　　　　　友添中部国際空港株式会社代表取締役社長

◆活動内容：①表敬訪問　　　　　　　　　　　　　　◆成果：
　　　　　　　上海旅游局、中国東方航空、吉祥航空、春秋航空　・中部国際空港⇄上海線増便
　　　　　　②現地イベントの開催　　　　　　　　　　　　　週4便→週7便（H29年3月〜春秋航空)
　　　　　　　現地旅行会社約40名を対象としたPRイベントの実施　・上海との交流促進（H29年4月、
　　　　　　　中国メディア「行楽」読者約100名を対象としたPRイベントの実施　　名古屋にて上海旅游局との交流会
　　　　　　　　　　　　　　　　　　　　　　　　　　　　　　　　　　　及び観光地視察を実施
　　　　　　　　　　　　　　　　　　　　　　　　　　　　　　　　　　　・中国旅行会社による"中野良子さ
　　　　　　　　　　　　　　　　　　　　　　　　　　　　　　　　　　　んと巡る昇龍道ツアー"（仮称）
　　　　　　　　　　　　　　　　　　　　　　　　　　　　　　　　　　　をH29年に催行を検討

〈昇龍道ミッション団の派遣例〉

観光の新たな潮流

二次交通の充実（セントレアリムジン）

■平成28年11月より1日14往復に増便（6往復の増便）

【運行概要】
運行区間　セントレア〜名古屋駅・栄・周辺ホテル
運行回数　1日14往復
所用時間　58分〜85分
運　　賃　1,200円
運行会社　名鉄バス

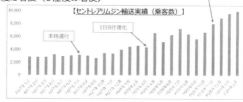

二次交通の充実（セントレアからの深夜・早朝バス）

■セントレアに深夜到着するLCCが就航するも到着時間帯には鉄道及びバス運行がない

■平成27年12月〜28年1月に・乗合バスの実証運行を実施
　運行区間：セントレア〜名古屋都心部（栄、名古屋駅（笹島、西口））

■平成28年4月から、1日3回（1.5往復）で定時定路線運行
　運行区間：セントレア⇔名古屋西口（ノンストップ）
　運　　賃：1,500円、運行会社：名古屋バス

富士山静岡空港の快適な利用に向けた実証事業

課題
・平成27年5月以降に中国の国際線が大幅に増加しターミナルビル内が大きく混雑
・混雑に伴い、カップラーメンの食べ残しのゴミ投棄をはじめとするマナー関係問題が顕在化
・平成28年に入り混雑は比較的落ち着いてきたものの、空港を快適に利用できる持続的な方策が求められていた

混雑するターミナルビル　　ゴミの分別がされない状況

快適な空港利用に向けた実証事業を実施

実施概要
○ 空港外で過ごす場合の情報の取りまとめ及び発信（空港周辺の観光＆ショッピング情報）
○ 空港内で過ごす場合の提供サービス情報の取りまとめ及び表示等の見直し（施設情報、空港利用にあたっての各種案内、多言語表示及びピクトグラムの見直し等）
【検討会メンバー：富士山静岡空港、静岡県、周辺自治体、東京航空局、中部運輸局】

実証事業の様子・取組事例

 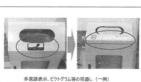
検討会の様子　　外国人モニターによる点検　　多言語表示、ピクトグラム等の見直し（一例）

〈観光力及びホスピタリティの強化〉

る。

　海外向けへの一貫したプロモーションについて説明すると、①昇龍道プロジェクト推進協議会会長などを団長とするミッション団の派遣②海外旅行博などへの出展③現地旅行社の招へい（ファムトリップの実施）④海外メディアの招へい⑤ウェブやSNSを活用した情報発信─などを持

続的に進める。これは相手国側の旅行会社やメディア、航空会社との信頼関係を構築することを意味する。こうして生まれた信頼関係をベースに、同地域への送客につなげてもらう旅行商品の作り込みや観光情報の発信、路線就航への働き掛けなどが行われている。

ホスピタリティの強化は、地域や施設が一体となって外国人観光客の受入環境の整備を行うことを指す。例えば、空港や駅など拠点におけるWi-Fi環境整備や多言語表記案内板の表示、外国人観光客向けの観光案内所の設置などハード面の整備とホテル・旅館に対する啓発などソフト面の充実にも力を入れている。具体的な管内の空港での取り組み事例に触れてみよう。

例えば中部国際空港（セントレア）では、セントラルジャパントラベルセンターを空港ロビーにつくり、鉄道、バスなどの切符や宿泊施設の予約も全てセントレアで行える体制を完備。セントレアを経由して"昇龍道"を旅行する外国人観光客が、セントレアでさまざまな情報を得て、より楽しい"昇龍道"の旅にすることを可能にした。二次交通も大幅に強化。セントレアリムジンバスの運行がこれまで2～3時間に1本だったのが倍増され、ほぼ1～1時間半に1本の運行になった。深夜バスの運行も新たに開始され、利便性が大きく向上した。また、富士山静岡空港では、国際線の大幅な増加で、外国人旅行者の滞留によりターミナル内が混雑して移動の妨げになったり、カップラーメンの食べ残しなどごみ投棄も大きな問題になっていた。このため、空港や静岡県、周辺自治体などによる快適な空港利用に向けた実証実験を開始。空港周辺の観光やショッピング情報を発信し、空港外で過ごす場合の情報を取りまとめたり、ターミナル施設情報や多言語表示、ピクトグラムの見直しなどを積極的に行い、同時に空港利用のマナー啓発にも努めている。地域や施設における取組みの事例として一部を紹介した。

事務方トップのCOOに英国人の実務家を起用

　ここまでは順調に進んできた"昇龍道"だが、今後インバウンドに対する地域間競争はますます激化していくことが予想される。そこで、より戦略的なマーケティングやメディアとの連携などを行う機関として、一般社団法人 中央日本総合観光機構が設立された。同機構には、地域の「稼ぐ力」を引き出し地域の誇りと愛着を醸成する「観光地経営」を実践するためのマーケティングカンパニーとして高い期待が寄せられている。

　そもそも、"昇龍道"は観光に対するマーケティングへの問題意識からスタートした。「昇龍道プロジェクト」設立当初からマーケティング部会が設置され、市場動向調査が実践されるなどマーケティングに対する意識は高いものがあった。従って、同機構は、前身の中部広域観光推進協議会が構築してきたマーケティング技術をより磨き上げ、調査分析のみならず、データ解析までも行っていくとしている。

　解析には、外国人が滞留したデータを活用し、具体的な行動パターンに落とし込む。さらにインサイト情報にも踏み込んでいくことで、旅行をしようと考えている人の意識や心理面からもデータを収集する考えだ。

　同機構のスタッフは、常勤が13人体制（8月1日現在）で、行政からの派遣が5人、鉄道会社、空港関係、通信会社など民間企業からの派遣が8人で構成されている。代表には、昇龍道プロジェクトの会長である豊田氏が就き、事務方トップのCOO（業務執行理事）に英国政府観光庁の日本・韓国代表を務めたハーヴィー・アシュリー氏を招いた。アシュリー氏は、英国政府観光庁時代、日本や韓国などアジアからの集客を担当した観光実務のプロ。日本人目線ではなくグローバルな視点で、インバウンドを促進。「セントラル・ジャパン（中央日本）ブランドを創り出

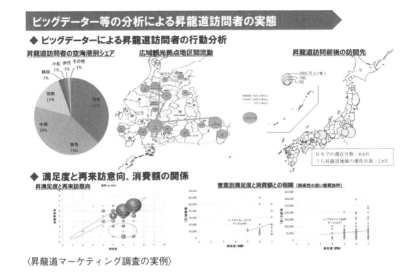

〈昇龍道マーケティング調査の実例〉

そう」と号令をかける。

　そのためには、アジアからの顧客は大事にしつつも、1週間〜10日程度のロングステイ（長期滞在）という捉え方で、欧州、米国、豪州からの顧客をいかにターゲットにしていけるかを戦略とする。戦術面ではデジタルを積極的に活用していく。具体的にどんなことを意味するのか。

　2019年に、日本でラグビーワールドカップが開催され、20年には東京五輪・パラリンピックが開催される。世界各国のメディアで日本が採り上げられる機会が確実に増えていくのは間違いない。

　同機構では、世界各国のメディア連動というスタイルがこれからの時代のキーポイントになっていくと予測する。つまり海外メディアと積極的に連携し、情報を発信していくメディア・エンゲージメントを構築しようとしている。特にデジタルを活用した取り組みを強化することにしている。日本人の発想ではパンフレットなどアナログの紙媒体を中心に展示会や旅行イベントに出展し、情報発信しようとする。だが、アシュリーCOOは、欧米豪をターゲットに想定した場合、「デジタルを中心に

物事を作り込んで提供していくのがベスト」と判断している。

地域と民間企業とを結ぶ事業化、産業化にも積極的に関わる

　実際にマーケティングやメディア・エンゲージメントを行うには、最先端の技術が必要になるが、"昇龍道"の場合、多くの民間企業との連携が強みと言える。逆に言えば、参加企業の「稼ぐ力」にどれだけ寄与していけるかが大きなポイントになるはずだ。そこでクローズアップされてくるのがさまざまな広域観光周遊ルートの形成による事業化への道だろう。中央日本総合観光機構では、地域と民間企業とを結ぶ事業化、産業化にも積極的に関わっていくこととしている。

　昇龍道のウェブサイトには、外国人観光客が自分たちの嗜好に応じて多様な楽しみ方で広域周遊できるよう、共通の観光テーマとして六つを掲げている。各テーマには、分かりやすいキーワードが散りばめられ、海外にも積極的に発信されている。

　具体的には、①「酒と食」の美味しいコラボレーション」（昇龍道日本銘酒街道）②「山車・からくり」はものづくりのルーツ（昇龍道山車・からくり街道）③戦国～江戸期の「サムライ」の歴史文化（昇龍道サムライ街道）④自動車、航空機、伝統工芸などの「ものづくり」（昇龍道ものづくり街道）⑤日本アルプス、富士山、白山など卓越した「山岳」（昇龍道山岳紀行）⑥龍にまつわる「龍伝説」（昇龍伝説紀行）――などである。

　取組みは、「酒と食」の事例の場合、エリア内に大小たくさんの酒蔵があるが、こうした酒蔵と連携。各地域にある「酒」に関するイベントやアクティビティを集約し、着地型体験プログラムとして編集されている。

　「サムライ」ページを見ると、現代日本の基礎を築いたサムライのふるさとが昇龍道にあるとし、「サムライの活躍した時代の空気、暮らし、美意識に触れよう」とのメッセージとともに、「城」や「いくさ」、「文化・

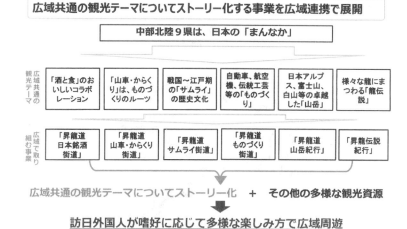

〈広域観光周遊ルートの形成〉

ライフスタイル」、「忍者」、「武器・鎧」、「寺院・神社」、「自然・庭園」、「姫」、「博物館・美術館」などのコンテンツを盛り込んだサムライストーリーで構成され、解説が盛り込まれている。

　中央日本総合観光機構では、こうしたテーマ観光の推進と情報発信に合わせて、観光地域づくりを積極的に事業展開し、訪日観光「セントラル・ジャパン（中央日本）ブランド」を創出し確立していく方針だ。

観光の新たな潮流

一般社団法人 せとうち観光推進機構

瀬戸内ブランドの確立で"地域再生と成長循環"の実現を
―― 民間の手法と行政の役割を兼備した観光DMOとして

プロモーションにとどまらずファイナンス機能を

　2017年春の段階で日本にある国立公園は33カ所。その歴史は古く、1934年（昭和9年）にわが国最初の国立公園が3カ所指定された。瀬戸内海国立公園は、雲仙、霧島と並び、日本最古の国立公園の一つだ。この歴史が示すように、瀬戸内地域の穏やかな多島美は、島国日本の典型的な縮図と言われ、またいにしえの都へ物資を運ぶ航路であったことから歴史的な伝統や独自の文化が豊富に残っている。まさに、"日本らしい景観と文化"の象徴とも言うべき地域だが、範囲があまりに広範なことに加え、行政区分が近畿、中国、四国、九州の各地方に分割されているため、自治体間が連携しにくく、瀬戸内という視点で捉え、総合的な観光の推進を図る体制がこれまでやや乏しい傾向にあった。

　その構造を改め、瀬戸内海を取り巻く各県・各自治体を環状に連携させ、総合的に魅力を発信するべく設立されたのが、せとうちDMOである。

　そもそもの発起は広島県の湯﨑英彦知事であるという。知事就任後間もないころから、選挙公約の一つでもあった「瀬戸内　海の道構想」を掲げ、瀬戸内海沿岸部全体の活性化を打ち出していた。県の沿岸部のみではなく、より広い視座に立ち瀬戸内という一つのエリア、そこに含まれる世界遺産、伝統文化と行事、数々の農・海産物を全部包括した点が構想として特筆される。そこで瀬戸内エリアに面した各県の知事に呼び

瀬戸内海に浮かぶ島々の風景。

かけ、最終的に瀬戸内沿岸7県（兵庫・岡山・広島・山口・徳島・香川・愛媛）の合意に至った。

　湯﨑知事は当初から、プロモーションのみにとどまっていた行政主体の従来型観光振興策に限界を感じ、瀬戸内に訪れた旅行者の満足度を高めるためにも、新しい商品、サービスを創出していくインキュベーションの仕組みが必要であり、そうなると当然、資金の手当てが不可欠との

Company Profile

設　　立▶2016年4月1日
所 在 地▶広島県広島市中区基町10-3
　　　　　TEL：082-836-3217（せとうち観光推進機構）
　　　　　TEL：082-836-3205（瀬戸内ブランドコーポレーション）
代 表 者▶会長　佐々木隆之（せとうち観光推進機構）
　　　　　代表取締役社長　水上圭（瀬戸内ブランドコーポレーション）
資 本 金▶4億5000万円（瀬戸内ブランドコーポレーション）
スタッフ数▶24人（せとうち観光推進機構）
　　　　　14人（瀬戸内ブランドコーポレーション）

発想から、広島銀行など域内の地方銀行にも声を掛け、日本政策投資銀行（DBJ）の参画を取り付けた。まさに、マーケティングを中心とした集客の仕組みと同時に、商品開発やブランド化に取り組むための資金需要に応えるファイナンス機能を併せ持った組織の形成を指向した仕組みが目指されていたわけだ。

企業、団体、住民をサポートする「せとうちDMOメンバーズ」と「せとうちHolics」

　こうした経緯により、せとうちDMOは、「一般社団法人せとうち観光推進機構」と、「株式会社瀬戸内ブランドコーポレーション」の2つの組織体が連携して成り立つ組織構成となっている。機構は2013年に発足した瀬戸内ブランド推進連合から発展改組し、16年春、一般社団法人として発足。主に綿密な調査に基づくマーケティングや地域受け入れ環境整備のサポートや満足度向上へ向けた各種取り組み、瀬戸内の魅力を国内外の人々へ発信、そしてブランドコーポレーションと連携して新たな観光プロダクト開発の促進などを手掛ける。現在、7県に加え、民間企業13社が参画している。他方、ブランドコーポレーションは16年春、瀬戸内エリアの金融機関と域内外の計46社の出資により設立された。こちらも機構と連携し、観光需要に対する受け皿として自主事業を展開するほか、観光客増に呼応した新たな事業開発への支援や、100億円規模の観光活性化ファンドを活用した観光関連事業者への経営支援や資金支援を行う。こちらは地銀各行が名を連ねる。このようにせとうちDMOは、民間の手法と行政の役割を兼ね備え、一体的に地域経営を担う組織体として存立することになった。

　機構、コーポレーションとも職員・スタッフはごく少数のプロパーを除き、加盟各県および参加企業のうち、観光分野に精通した各社からの

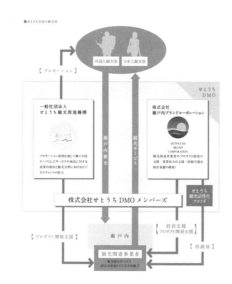

〈せとうち観光推進機構の組織図〉

　出向によって構成され、給与は出向元が払っている。いわば職員の手弁当によってDMOは成り立っているわけだ。現在、国はBID（Business Improvement District：自治体など公共が資金面において民間主体のエリアマネジメントを支援する手法）やTID（Tourism Improvement District：宿泊事業者などの観光関連事業から自治体が負担金を徴収しDMO団体へ活動費として提供する制度）の研究を進めている過程にあり、将来的にはその手法をこのせとうちDMOでも導入することが望まれている。

　また、せとうちDMOメンバーズというメンバーシップ制度がスタート。これは月額3000〜5000円の幅で、企業、団体、個人から会費を募り、企業や団体個々では備えることが難しいさまざまな機能、例えば講演会やシンポジウムの開催、ビジネスマッチングの機会となり得る交流会の実施、365日24時間対応の外国語電話通訳サービスや、国内外向けWEBショッピングへの出品・販売、機構が開設しているWEBサイト「瀬戸内

「せとうちDMOメンバーズ」を呼びかけるポスター。

Finder」での広告無料掲載などのサービスを多角的に展開する。会費収入を財源とし、せとうちDMOがプラットフォームとなり、販路拡大や業務のサポートメニューを用意することで、魅力的な商品の供給とビジネスの確立に繋げることが目的だ。多様な企業・団体と連携することを目指し、会員数は当面3000社を目標にしている。さらに、メンバーズの"若者版"という位置付けで、観光資源を生かしたビジネス展開を行う住民組織「せとうちHolics」の活動も展開されている。同組織は、Uターンや、Iターンなどで瀬戸内エリアに根を下ろして活動する若者たちを中心に、彼らがネットワークを構築し情報発信していくのをサポートする仕組み。まさに、将来の瀬戸内地域を担う人材育成も視野に入れているスキームと言える。

2016年の間に効果的なプランが次々に

多様な魅力を有する瀬戸内地域だが、これまではエリアの広範さがかえって観光事業活性化にマイナスになっていた面も見られていた。そこで、せとうちDMOでは、域内の約800カ所に及ぶ観光施設をスタッフが全て回って、外国人対応ができているか、Wi-Fiがつながるかなどをリサーチした。リサーチ結果は全てカルテ化され、各自治体や施設にフィードバックされた。このカルテが相互連携の基盤になっていった。

さらに、大きく改善された例が、海路交通の結節や情報提供面での向上と言えよう。例えば、これまでは広島空港に空路で降り立った後、沿岸に出て港から航路で点在する個性豊かな島々を回ろうとしても、公共交通や船舶ルートのつながりの情報は限られており、旅行者はなかなか島から島へ効率よく周遊できなかった。国内はもとより、海外からの旅行者は滞在日数が限られるため、移動手段が非効率なままではせっかくの多島美や各島の独自性を堪能するのは難しい。そこでせとうちDMOでは2016年、瀬戸内海を運航する船舶を一元的に網羅した航路情報の作成と発信に着手。これまでは、船舶各社の運航案内は発表されていたものの、他社・他地域の状況や接続についての情報発信はほとんどなかったため、"海上の足"をトータルに把握してルート設定できる情報の提供は、利用者から大いに好評を博したという。観光庁からも「これまでこうしたサービスを提供したDMOはない」と高く評価された。まさにエリア全体の俯瞰的視点に基づき、広域連携ならではの強みを発揮した発信スタイルというわけだ。

　情報提供面において、旅行者の目線で広域利用という意識も徹底されている。

　これまでは広島県の観光案内所には同県内の資料しか用意されていなかったが、愛媛県の道後温泉の資料も完備。例えば外国人旅行者が「広島で近場の温泉がないか」と尋ねてきた場合、「この船便に乗れば松山の道後温泉まで行けますよ」と県境を越えて英語でアドバイスできる案内所職員の研修も実施されている。

　さらに、外国人旅行者がレンタカーで瀬戸内地域を回遊しやすくなるよう、高速道路会社やレンタカー会社などと連携した商品開発を実施。こうした域内サービスの土台は16年の１年間でほぼ構築された。

　今後は、空港民営化がインバウンドを取り込む大きな要因となる。

　現在、瀬戸内域内では、広島、高松、神戸をはじめとする空港の民営

広島空港。

化決定や方針が発表されている。せとうちDMOでは、インバウンド対策に重要な空港と連携を図り、長期的な戦略の中で路線拡大や利用者拡大のプロモーションをやっていかなければならない。既に、海外の成功事例も研究しており、副次的な効果として空港周辺地域のにぎわい創出も狙えると考えている。空港や主要駅から瀬戸内域内への顧客誘導、拡散の仕組みが出来上がれば、旅行者にとって二次交通の大きなプラス要因になることは間違いない。

六つのテーマをもとに、2020年で外国人宿泊数600万人泊を実現

　国は、今年度から2020年までの観光ビジョンとして「観光立国基本計画」を策定した。そこで、せとうちDMOも20年で600万人泊の目標を設定。目標実現のため、六つのテーマを骨子に掲げ、施策を展開している。具体的に六つの骨子を見てみよう。

　すなわち、①島を縫ってゆったりと海上を往くクルージングは瀬戸内の魅力を体感するのに最適なことから、世界有数の滞在型クルージングリゾートエリアとしての「瀬戸内」の形成を目指す。特に1泊数万〜数

十万円という宿泊型"超"高級クルーズ船を開発する会社に資金提供を行っており、17年10月に満を持して就航する予定だ。②瀬戸内のサイクリングコースは「しまなみ海道」が世界的にも有名だが、「しまなみ海道」にとどまらず域内各地のコースを整備し、国内随一のサイクリストの聖地を目指す。③瀬戸内は自然と文化が融合して歴史を育んだエリアであり、モダンアートも盛んなことから個々のアート資産をつなぐアートツーリズムの普及・定着を推進する。④瀬戸内産の食を発信するほか体験メニューも充実させる。⑤古民家などを活用し、瀬戸内らしい風情を体感できる多彩な宿を整備していく。⑥農水産加工物や伝統工芸品などを磨き、世界から認められる瀬戸内ブランドを実現する。実際に、瀬戸内らしい産品にブランドマークを付与して流通促進を図る瀬戸内ブランド登録制度を立ち上げ、17年3月末現在で、274社748商品35サービスを登録している。また流通サイドと共に「せとうちフェア」が16年だけで12回も実施された。

　以上のテーマを事業者と連携しながら実施していく。各種プロモーション活動を展開しつつ、まずは20年の段階で、瀬戸内エリア全体における外国人の年間延べ宿泊者数600万人泊を目指す。これまでの実績ベースは、16年末現在で280万人超。目標達成まではもう一越え、二越えが必要だが、14年までの実績が150万人超だったことを考えれば、十分実現可能な数字と見ている。

　観光庁も、観光推進機能とファンドの相互連携体制を取ったせとうちDMOの組織形態が、現段階であるべき理想に最も近いと捉えている。だからこそDMO立ち上がりの数年は、国からの支援も求められる。日本が真の観光立国となるためには各地域の観光が活性化しなければ始まらない。今のところ国費の支援対象は事業費のみなので、当初期間だけでもランニングコストの支援があると、より事業運営を軌道に乗せやすくなり地域の将来像も見通していけるのではないだろうか。

空港の取り組み

- ■ **成田国際空港株式会社** …………………………………… 124
  空港は「日本観光のゲート」へ
- ■ **中部国際空港株式会社** …………………………………… 132
  中部地域の顔となる魅力的な空港へ
- ■ **関西エアポート株式会社／新関西国際空港株式会社** …… 140
  民営化2年、関西国際空港・大阪国際空港の魅力を
  最大限に高める
- ■ **日本空港ビルデング株式会社** …………………………… 148
  首都TOKYOの顔として観光とビジネスを支える空港へ
- ■ **新千歳空港ターミナルビルディング株式会社** …………… 156
  地域と連携し、北海道発展のために空港が果たせる役割を
  見据えていく
- ■ **福岡空港ビルディング株式会社** ………………………… 164
  観光立国実現に向けた福岡空港の取り組みについて
- ■ **那覇空港ビルディング株式会社** ………………………… 172
  那覇空港を拠点に、ヒト・モノの交流を担っていく
- ■ **北陸エアターミナルビル株式会社** ……………………… 180
  行政と積極的に連携し、新幹線との共存を目指す

空港の取り組み

成田国際空港株式会社

空港は「日本観光のゲート」へ

　成田空港は、日本の新たな表玄関として1978年に開港した。以来、国内最多の国際線発着回数、就航都市数を維持するとともに、国内の主要都市とも結ばれた、日本を代表する空港となっている。開港からの航空旅客数の累計は、2017年7月28日で10億人を達成した。

　直近2016年度の航空旅客数は、3962万人と過去最高を記録し、17年度には4000万人を突破する見通しだ。LCCの新規就航などで国内線旅客数も5％増の721万人と伸長しているが、昨今のインバウンドブームで、国際線外国人旅客数が前年度11％増の1430万人と好調に推移していることが大きい。このことから、同空港では、増え続ける訪日外国人の利用客に対して、受入環境をさらに充実させる取り組みを進めている。

成田空港における訪日外国人の利用者への「おもてなし」環境の整備

　成田空港が打ち出す訪日外国人の利用者向けのおもてなし環境整備をつぶさに見てみよう。

(1)　インターネット環境の改善

　日本に来て何が不便かを訪日外国人に質問すると、必ず挙がるのが「無料公衆無線LAN環境の不備」、つまり、無料Wi-Fiスポットが少ないという不満だ。成田空港では、施設内での無料Wi-Fi接続サービスを実施し、より快適な通信のために800Mbps（メガビットパーセカンド）まで回線を増強。さらに、接続手順を簡略化するなど利便性向上に取り組んでい

る。表示言語は特に利用の多い英語、日本語、中国語（簡・繁）、韓国語、フランス語、スペイン語、タイ語、インドネシア語の9言語に対応している。

また、空港を出てからもインターネットが利用できるよう、プリペイド式SIMカードの自動販売機を設置。2017年2月からは、ベンチャー企業と連携し、専用のスマートフォン用アプリケーションを事前にダウンロードした台湾・香港の居住者に対し、5日間無料で使えるSIMカードを受け渡すユニークなサービスも始まっている。

さらに同空港独自の便利なスマホアプリも充実。特に、2014年7月より配信している訪日外国人の利用者向けおもてなしアプリ「TABIMORI（旅守り）」はたいへん好評で、これまでに約32万ダウンロードを記録した。観光情報や電車の乗り換えなど、滞在中に便利な機能や緊急時対応の情報をまとめており、基本情報やネット接続時にクリップした情報はオフラインでも閲覧できる。2017年7月からはアプリのデザインを一新し、機能の追加のほか、対応言語を5言語から前述の無料Wi-fiと同じ9言語（2017年7月時点）に拡大するなど、利便性を向上させている。

(2) **利便性・快適性の向上に向けた取り組み**

空港の印象は、その国の顔と言ってもいい。便利さや清潔さはもちろんのこと、快適に時間を過ごせることが重要だ。

成田空港では、日本文化＝和を取り入れた空間づくりにも力を入れて

Company Profile

所　在　地▶〒282-8601　千葉県成田市成田国際空港内NAAビル
（本社）　　TEL：0476-34-5400（代）
代　表　者▶代表取締役社長　夏目　誠
設　　　立▶2004年4月1日
資　本　金▶1000億円
従業員数▶695名（2017年3月31日現在）

左上から時計回りに／「Kabuki Gate」(第1ターミナル)。／「NARITA SKY LOUNGE 和」(第2ターミナル)。／「GALLERY TOTO」(第2ターミナル)。／「蓮の和風庭園」(第1ターミナル)。

いる。2015年にオープンした次の3施設は、それぞれ多様な和の表情を具現化したものだ。

　まず、第1ターミナルの出国手続き後エリアにある「Kabuki Gate」は、江戸文化の象徴ともいえる歌舞伎を体感できるギャラリー＆ショップで、訪日外国人の利用者にも人気が高い。松竹株式会社の監修のもと、実際に舞台で使われている歌舞伎衣装やかつらを展示するほか、お好みの歌舞伎フェイスを選んで写真撮影できる「Kabuki Face Photo Booth」などを設置し、歌舞伎の魅力、楽しさを味わえる。同じく第1ターミナルの前庭には、観光庁長官から感謝状が贈られた「蓮の和風庭園」が整備されており、約100平方メートルの庭園の池には、夏の時期は、千葉県の遺跡で発掘された2000年前の種子から発芽した「大賀蓮」の可憐な花が目を楽しませている。

　第2ターミナルの出国手続き後エリアにある「NARITA SKY LOUNGE 和」は、ガラス張りのモダンな空間ながら、木質素材や畳風の腰掛けなどが和の雰囲気を醸し出すくつろぎのスペースとなっており、無料で利用できる。施設内には、日本を代表するファシリティーメーカーの「TOTO」が手掛けた、日本のトイレのスタイルと技術力を世界に発信していく"ギャラリー型トイレ"「GALLERY TOTO」もあり、「日本トイレ大賞（国土交通大臣賞）」を受賞。そのほか、ビジネススペース

やマッサージチェアなども使用でき、快適に過ごせる。

(3) 日本文化の紹介

成田空港では、訪日外国人の利用者に日本の文化に触れて「日本にまた訪れたい」という思いを抱いてもらうため、"日本ならでは"のイベントを用意し、おもてなしをしている。

甲冑の着用。

具体的には、第1ターミナルおよび第2ターミナルの出国手続き前エリアにおいて、日本文化を多様な形で紹介している。出発ロビーにおける獅子舞の回遊、イベントスペースでの日本舞踊・琴・三味線・和太鼓などの演舞・演奏、さらには多くの利用者が行き交うエリアで日本の年中行事（五月人形・七夕など）に関する展示を行っている。

また、出国手続き後エリアでは、「和の文化体験」を毎日実施している。今までに着物や甲冑の着用、浮世絵版画刷、水引の制作、書道、和紙人形、凧の制作などの各体験が期間ごとに行われており、出国する利用者に日本での思い出づくりを演出し、たいへん好評である。

(4) 訪日ムスリム外国人の利用者の受入環境の整備

日本政府観光局（JNTO）の発表によると、2016年、マレーシアからの訪日外客数は39万4200人、シンガポールからは36万1800人、インドネシアからは27万1000人で、それぞれ前年比17～30％以上の高い伸びとなっている。上記の国は東南アジアでもムスリム（イスラム教徒）が多いことで知られる。今後も拡大が見込まれる東南アジアからの利用者をスムーズに受け入れていくため、成田空港ではムスリムに配慮した環境整備を実施している。

ムスリムにとって、最も重要な行いの一つが礼拝（ハラート）で、多くのムスリムが毎日決まった時刻に5回の礼拝を自ら義務としている。成田空港では、各ターミナルの出国手続き前と同手続き後エリアに1カ所ずつ計6カ所の礼拝室を設置し、お清め用の水場も併設している。

敬虔なムスリムは、食生活においてハラールフード（イスラム法で必要な作法どおりに調理された食品）しか食べない。成田空港では、ハラール認証を受けた飲食店を第1・第2ターミナルに計3店舗設置しているほか、有料待合室でハラールフードのケータリングサービスも行っている。加えて、ターミナル内の各飲食店において、食材を表示したピクトグラムや、ベジタリアンメニューを示す成田空港オリジナルの案内表示「Vegeロゴ」を用いて、宗教上の理由だけではなくアレルギーなど食材制限のある利用者に向けた配慮も行われている。

(5) **出国手続き後エリアに有料ラウンジを設置**

成田空港では、第1ターミナルの出国手続き後エリアに、乗り継ぎなどで長時間空港に滞在される利用客をはじめ、誰でも出発までの時間を快適に過ごせる有料ラウンジ「Narita TraveLounge」を2016年10月にオープンした。航空会社ラウンジは各航空会社が指定する利用者に限定されるが、利用料（大人1200円、小人（6〜11歳）600円）を支払えば時間制限なしで利用できるのはうれしい。

成田空港周辺の観光資源を生かしたトランジットツアーなどの実施

「乗り継ぎ時間を利用して、観光を楽しみたい」、成田空港では、そうした意見、要望を踏まえて、「Narita Airport Transit & Stay Program」を提供している。空港周辺には、成田山新勝寺とその参道をはじめとして、日本らしい田園風景や酒蔵、昔ながらの街並み、アウトレットやショッピングセンター、美術館など多彩な観光資源が点在している。2017年4月からは、成田地区ホテル業協会との連携により、ツアー対象者を空港周辺に宿泊する訪日外国人の利用者にも拡充した。

プログラムでは、アクセスが容易な成田周辺コースに人気が偏っていたが、新たにボランティアガイド付き定期観光バスでめぐる周遊コース

を追加した。これは、JRバス関東が運行する周遊バス「ウェルカム成田セレクトバスツアー」と連携し、各地に点在する観光資源を広域周遊化したもので、近隣の観光資源が統合された結果、地域の魅力が高まった。ほかにも、多様なニーズに対応するため、ショッピングや美術鑑賞のコースも提供されている。

海外での観光PRも積極的に行っている。方策の一つは、各国テレビメディアや影響力のある人（インフルエンサー）を招聘し、現地で日本の魅力を発信してもらうこと。タイでの日本観光情報テレビ番組「SUGOI JAPAN」は、約53万人が視聴した。また、タイ・台湾のインフルエンサー4人の日本旅行記事はネットを通じて多くの人に読まれた。

外国人目線で情報を発信することも重要だ。2017年4月からは外国人ライターによって同空港周辺地域の観光魅力を紹介するガイドマップ「Time Out Tokyo（50things to do in Narita）」を製作。空港を含む成田市内のほか、日本政府観光局（JNTO）の各事務所を通じて海外でも配布している。こうしたプロモーションの結果、このプログラムの利用者数は大きく増加している。

成田空港から地方へのインバウンド需要の喚起と多様化する都心へのアクセス

さらに、増加する訪日外国人からの国内観光地への安価なアクセスの要望に応えるべく、成田空港を起点として日本各地の観光地にバスでアクセスできる、「Narita Air & Bus！」を展開している。これは、成田空港の豊富な航空ネットワークと、リーズナブルかつ快適でダイレクトに目的地まで行ける高速バスを組み合わせることで、日本各地の魅力的な観光地へ、より安価に、より快適に旅行してもらう取り組みだ。この取り組みでは、成田空港が、利用者のニーズに合致した路線誘致からプロモ

ーションに至るまでバス事業者に対して積極的なサポートを実施する。2016年には日光線、新潟線、富山・金沢線、京都・ユニバーサル・スタジオ・ジャパン®線および富士山・富士急ハイランド線の5路線が運行を開始し、翌2017年7月には、「東京ディズニーリゾート®」線が新たにNarita Air & Bus！に加わった。目的地となる観光地との連携により、手荷物の配送サービスなどの紹介や魅力的なオプション、観光パンフレットなども提供。大部分の路線のバスチケットは、訪日外国人向けに展開している多言語対応バス予約サイト「JAPAN_BUS_LINES」でも販売している。このように成田空港では、同空港を日本観光のゲートと位置付け、さらなるPR活動に取り組んでいる。

　また、観光地へのアクセスだけではなく、同空港から都心へのアクセスも、進化を遂げている。

　鉄道では、成田空港と日暮里を最速36分で繋ぐ京成スカイライナー、乗り換え不要で新宿や横浜へアクセスするJR成田エクスプレスなどが充実。バスについても、ターミナル駅やホテルに直結するリムジンバスに加え、低価格で東京駅・銀座駅・大崎駅にアクセスするバスが運行されるなど、成田空港と東京23区内を結ぶ高速バスは1日800便以上を数える。

　また、2017年2月、圏央道の境古河IC－つくば中央IC間が開通し、成田空港は6つの高速道路（東名、中央、関越、東北、常磐、東関東）と接続することとなり、北関東方面からのアクセスについても、利便性が格段に向上した。その結果、成田空港発の北関東方面の観光地へのインバウンド向けバスツアーが充実している。

　成田空港では近年LCC各社が国内線を展開しており、従来型の航空会社（FSC）と併せて現在18空港と結んでいる。これらの国内線は、首都圏と地方をつなぐ足としての機能に加え、地方観光のためのフィーダー路線としても活用されつつあり、訪日外国人が飛行機を使って地方観光する流れが拡大・浸透し、地域の活性化に貢献することが期待されている。

2020年を控えよりよいサービスを目指す

　成田空港では、2020年東京オリンピック・パラリンピック大会開催をさらなる飛躍、発展のチャンスと捉え、将来を見据えた機能強化やさらなる利便性・快適性向上に繋げていくため、施設の改良・改修を実施している。例えばユニバーサルデザインの考えに基づき、2020年までに段階的にトイレ環境のリニューアルを行っており、2017年8月には、大きな荷物を一緒に持ち込める広いブースを備えるなどの特徴があるデザイントイレを、第2ターミナルに2カ所先行オープンした。

　また、同じく2017年8月には、第1ターミナルにおいてこれまでの外国人観光案内所の機能を大幅に拡充し、訪日外国人の利用者が日本での滞在を安心かつ快適に過ごしていただくための情報やサービスをワンストップで提供する、国内空港最大級の面積の「Visitor Service Center（ビジター・サービスセンター）」を開設した。この「Trip Tailor」をコンセプトにデザインされた施設は、旅行者それぞれの希望や目的に合わせ、テーラーメイドのように日本の旅行プランを形づくるサポートを行う。

　上記の取り組み以外にも、「自動手荷物預け機」の導入などにより、手続き所要時間を短縮するファストトラベルや、次世代検査機器などによる警備・保安体制の強化を図るスマートセキュリティを推進していくなど、2020年を控え、成田空港では着々と「おもてなし」の準備が進められている。

第2ターミナルに先行オープンしたデザイントイレ。

第1ターミナル中央ビル本館1階に設置された「Visitor Service Center」。

空港の取り組み

中部国際空港株式会社

中部地域の顔となる魅力的な空港へ
──LCC向けターミナル、新たな複合商業施設オープンへ

インバウンド誘致の施策と課題

　中部国際空港（以下、セントレア）は、成田国際空港、関西国際空港とともにわが国を代表する国際拠点空港としての役割を担っている。セントレアが安全安心な空港運営のもと、航空ネットワークを充実させていくことは、中部地域の経済発展や国際交流の促進に貢献するだけでなく、政府が掲げる2020年の訪日外国人旅行者4000万人達成目標にも貢献することにつながる。

　開港10周年を迎えた2015年3月、セントレアグループでは今後5年間の中期経営戦略を策定し、旅客数1500万人、発着回数13万回を最終年度の2019年度に達成する目標を発表。国際、国内の航空ネットワークの拡充や旅客・貨物の需要増のためのさまざまな施策に取り組んでいる。

　近隣アジア・東南アジア路線の一層の充実、長距離路線の維持と新規就航に向けたエアポートセールスを中部地域の自治体や経済界と協力しながら継続して行っている。特に東アジアについては最近急速に伸びているLCCを一つの大きなターゲットとしている。また、セントレアを拠点とする航空会社の誘致・定着を促進し、ネットワークの拡大を図るため、2016年度から着陸料割引制度の拡充を行った。

　インバウンド誘致では、全国の中でも先駆けて2012年から、日本有数の観光資源を有する中部北陸9県（愛知、静岡、岐阜、三重、福井、石川、富山、長野、滋賀）の官民一体で「昇龍道（中部・北陸地方を「龍

海上に建設された中部国際空港（セントレア）。

に見立てて命名）プロジェクト」を推進しており、セントレアもこれに積極的に参画している。ターゲットである東アジアや東南アジアの国ごとに、プログラムやメニューを考えながら個別のアプローチを実施するなどの需要喚起の活動に取り組んでいる。また、昇龍道のゲートウェイとなる空港で観光客が快適に過ごし、スムーズに目的地に旅行できるよう、案内サービスやモバイル環境の強化など受入環境の整備に努めている。

　こうした取り組みの中で、セントレアにおける交通アクセス、特にバ

Company Profile

- **所在地**▶〒479-0881　愛知県常滑市セントレア一丁目1番地
- **（本社）**　TEL：0569-38-7777（代）
- **代表者**▶代表取締役社長　友添雅直
- **設　立**▶1998年5月1日
- **資本金**▶836億6800万円
- **従業員数**▶242名（2017年4月現在）

人気の「セントレアリムジン」。

スアクセスの改善は課題の一つだ。開港直後は愛知万博が開催されていたことや、周辺地域からの海外観光客が多かったためバスアクセスが整っていたが、中部地域は車中心の社会ということもあり、その後次第に減少していった。しかしながら近年、インバウンドの増加によりホテルや旅行の目的地に直接たどり着けるバスアクセスの要望は高まっている。

この要望に応えた典型的な例が、名古屋市内の各主要ホテルや名古屋駅の名鉄バスセンターと空港を結ぶ『セントレアリムジン』だ。実証運行を経て、2015年7月から1日4往復で本格運用が始まり、2016年11月には1日14往復に増便された。これにより空港から荷物を持ったまま直接ホテルに向かうニーズに対応できるようになったほか、昇龍道への観光アクセスも強化された。今後も増加するインバウンド需要のさらなる取り込みを図るため、セントレアでは引き続き関係機関・自治体、観光関係者と緊密に連携しながら、アクセス事業者に交通アクセスの拡充をお願いするなどの取り組みを進めていく予定だ。

2019年、LCC向け新ターミナルビル供用開始

LCCの急速な成長や訪日外国人の急増を背景に、今後、さらなる航空需要の増加が見込まれる。セントレアでも、多様化する航空会社のニーズに対応するため、さまざまな空港機能強化に取り組んでいる。中でも、LCCのセントレア拠点化を推進するために、2019年度上期の供用開始を目指し、LCC向け新ターミナルビルの整備が進められている。

新ターミナルビル平面図（上）、パース図（下）。建設中の複合商業施設「FLIGHT OF DREAMS」、「愛知県国際展示場」と回遊できる計画だ。

新ターミナルビルの年間旅客取扱数は、国際線300万人、国内線150万人の計450万人対応の計画だ。延べ床面積は約4万平方メートル、チェックイン棟とコンコース棟の2階建て2棟構成で、メインユーザーとなるLCCのビジネスモデルやニーズに沿ったシンプルで機能性を追求した施設となる予定だ。また、国際線と国内線が一体運用可能で乗り継ぎが容易なレイアウトに計画され、徒歩搭乗やスイングスポット、混雑時間帯以外は航空機が自走で出発できるようにするなどの工夫が凝らされる。こうした工夫が、航空会社の安全かつローコストなオペレーションと航空機の運航効率の向上につながり、LCC利用者の気軽な旅行の手助けになるはずだ。

商業施設「FLIGHT OF DREAMS」──2018年オープン

　また、ターミナルビルに隣接した新たな複合商業施設の整備も進行中だ。その名も「FLIGHT OF DREAMS」。

「FLIGHT OF DREAMS」の外観イメージ。

「FLIGHT OF DREAMS」の中核となる展示エリアのイメージ図。デジタルサイネージなどの分野で先鋭的なものづくりを行っている「チームラボ」が作るコンテンツも盛り込まれる。

　国内航空会社も多く運用しているボーイング787型機（以下、B787）の機体構造部品は、実は、その35％が中部地域で生産されている。それらの部品は、海上と航空を組み合わせるシー・アンド・エアーによる貨物輸送形態を活用し、セントレアから専用貨物機で米国シアトルに空輸される。B787製造における日本の役割を、ボーイング社では「メイド・ウィズ・ジャパン」と呼んで高く評価しているそうだ。

　こうした縁で、2015年7月に、B787飛行試験初号機（以下、ZA001）が中部地域に里帰りする形でボーイング社からセントレアに寄贈された。歴史的にも価値のあるZA001を展示することは、航空について幅広い層に知ってもらう機会となり、地元の航空宇宙産業の発展にも貢献できる。そこで、ZA001の展示を中心とした新たな複合商業施設を2018年夏頃の完成を目標に整備中だ。

　施設では、ZA001の機体を展示するだけでなく、飛行機を組み立てる、作る、飛ばす、それを仕事にする、といったさまざまなコンセプトの体験型コンテンツが設置される。

そして商業エリアでは、B787は米国西海岸のシアトルで組み立てられていることから、シアトルをテーマにした、伝統と多様性あふれる空間演出やシアトル由来の魅力的なブランドなどによる飲食・物販店舗の展開により、非日常的な空間づくりが進められている。

同施設の近隣には、愛知県国際展示場ができる予定であり、これらの施設を連絡通路でつないで回遊できるようにし、それぞれの施設を利用する国内外の利用者に楽しんでもらえるようになる。空港見学に来た一般来港者にも食事や買い物を楽しんでもらうなど、新たなにぎわいが創出されるだろう。

地域の期待を背負い、完全24時間化を目指す

セントレアは24時間運用の海上空港だが、フルオペレーションするためには滑走路や航空灯火のメンテナンスのほか、さまざまな検査も必要となる。開港当初は、夜間にメンテナンスのための時間を十分確保できていたが、近年はLCCや貨物便など深夜・早朝帯の就航が増加しているため数時間ほどしかとれない状況だという。

また、開港後12年が経過し、近い将来には、滑走路の大規模修繕の実施も必要になる。また午前中などの最繁忙時間帯は2～3分に1回の発着があり、その時間帯での受け入れ制約が現実味を増す。滑走路上での不測事態に伴う空港閉鎖の回避や、災害発生時の緊急補給物資のバックアップ機能の役割などもしっかり担っていかなければならない。

こうした状況を踏まえて、航空ネットワーク拡大による国内外の需要を取り込み、観光立国実現による地域経済の成長に貢献していくためには、セントレアにおける将来的な2本目滑走路の整備が必要と考えられている。そのために愛知県、岐阜県、三重県、名古屋市を中心とした地域自治体と空港会社が一体になって、需要拡大に取り組むと同時に、整

備の必要性についても着実に議論が進められることが重要だ。その地域の動きとして、2014年に国会議員による中部国際空港拡充議員連盟ができたほか、2016年は愛知県、三重県、岐阜県、名古屋市の議会議員や地元知多半島5市5町の市町議会議員による議員連盟も設立された。機運は徐々に高まっている。

顧客満足度ナンバーワン、さらに魅力を高めていく

セントレアは、12周年を迎えた開港記念日の2017年2月17日に、英国スカイトラックス社による空港の格付けにおいて、リージョナル空港部門で世界初となる「5スター　エアポート」を獲得した。さらに、同社が実施した2017年の顧客満足度調査における「ザ・ワールド・ベスト・リージョナル・エアポート」部門では3年連続で世界1位を受賞している。これは開港以来、CSナンバーワンを目指して、空港島内の国の機関や関係の事業者が一体となってさまざまな課題に取り組んできた成果だ。

2020年の東京オリンピック・パラリンピックを控え、東京を中心とした受け入れ環境づくりが今後加速していくが、セントレアもその一翼となることが期待されている。地域の発展を背負い、さらに魅力ある空港を目指す「オールセントレア」の取り組みは続く。

2017年2月17日に行われた「5スター」認定セレモニーの様子。

空港の取り組み

関西エアポート株式会社／新関西国際空港株式会社

民営化2年、関西国際空港・大阪国際空港の魅力を最大限に高める
――ストレスフリー、楽しさを提供する空港へ

　関西国際空港は、大阪南部の泉州沖5キロの海上に建設され、国内有数の国際線・国内線ネットワークを有する完全24時間運用可能な国際拠点空港。関西、日本における西のゲートウェイとして、航空旅客数は年間2500万人を超え、発着回数は年間17.8万回にのぼる。

　現在、関西国際空港は、日本で最も多くのLCCが就航する空港であり、中国、韓国、台湾といった東アジアからの訪日外国人の最大の受け入れ空港となっているが、現在に至るまで紆余曲折があった。

　1960年代の日本経済の高度成長期に近畿圏における航空需要が高まる中、大阪国際空港（＝通称・伊丹空港）では航空機騒音問題の発生に伴う運用制限から増大する航空需要に対応できず、大阪国際空港に代わる新たな国際空港の建設は喫緊の課題だった。当初8カ所あった候補地の中から、陸域に騒音公害を及ぼさない大阪南部の泉州沖での海上空港建設が選択されたのは1974年。1984年には関西国際空港を設置・管理する「関西国際空港株式会社」が設立され、1994年9月、工事着工から7年7カ月の歳月を経て泉州沖に西日本最大のゲートウェイとなる関西国際空港が開港した。実に四半世紀に及ぶ巨大プロジェクトだった。

　関西国際空港は、開港2年目で国際線出発旅客1000万人を達成し、国内景気はバブル経済崩壊後の低迷が続くのをよそに、6年目には累計旅客数1億人を突破。年間航空旅客数2000万人という安定した基盤を築く。将来の航空需要の拡大に備え、1999年には2期事業に着工、2007年

8月に2期島の第2滑走路の供用を開始し、世界標準の滑走路を2本持つ空港となっている。

しかし、2001年9月以降、アメリカでの同時多発テロや、SARS、新型インフルエンザの発生、リーマン・ショック、航空機燃料価格の高騰、そして東日本大震災など、航空業界にとって受難が続く。関西国際空港を取り巻く環境も厳しく、旅客数は1300万人台にまで減少し、空港建設に要した巨額の債務の返済も空港運営に重くのしかかるようになっていた。

関西国際空港および大阪国際空港のコンセッション

転機は2011年5月。「関西国際空港及び大阪国際空港の一体的かつ効率的な設置及び管理に関する法律」が成立し、これまで国が設置・管理を行ってきた大阪国際空港を経営統合するとともに、公共施設等運営権の設定（コンセッション）を通じ、関西国際空港の債務の早期・確実な

Company Profile

新関西国際空港株式会社（空港の設置管理者）
所 在 地 ▶ 〒549-0011　大阪府泉南郡田尻町泉州空港中1番地
　　　　　TEL：072-455-4030（代）
代 表 者 ▶ 代表取締役　春田　謙
設　　立 ▶ 2012年4月1日
資 本 金 ▶ 3000億円

関西エアポート株式会社（空港の運営権者）
所 在 地 ▶ 〒549-8501　大阪府泉佐野市泉州空港北1番地
（本社）　 TEL：072-455-2103（代）
代 表 者 ▶ 代表取締役社長 CEO　山谷 佳之、
　　　　　代表取締役副社長 Co-CEO　エマヌエル・ムノント
設　　立 ▶ 2015年12月1日
資 本 金 ▶ 250億円

返済、関西国際空港の国際拠点空港としての機能の再生・強化及び関西における航空輸送需要の拡大を目指すことが決まった。

2012年4月、国が100%出資する「新関西国際空港株式会社」(以下、新関空会社) が設立され、7月に関西国際空港と大阪国際空港が経営統合、新関空会社による両空港の一体運営が始まる。新関空会社は、LCC (格安航空会社)「ピーチ・アビエーション」の関西国際空港の拠点化、日本初のLCC専用ターミナルを整備。また、世界最大の航空貨物輸送会社であるフェデックスが北太平洋地区の国際貨物ハブ基地を展開し、航空旅客数や発着回数は大幅な増加に転じる。あわせて、わが国初の空港コンセッション実施による完全民間運営化に向けた準備を進め、2015年12月、関西エアポート株式会社 (以下、関西エアポート) とコンセッションに係る実施契約を締結することとなった。

2016年、関西国際空港・大阪国際空港両空港の新たな船出

関西エアポートは、2015年12月15日に、新関空会社と事業期間を44年とする「関西国際空港及び大阪国際空港特定空港運営事業等公共施設等運営権実施契約」(実施契約) を締結し、関西国際空港および大阪国際空港の運営を引き継ぎ、2016年4月1日より両空港の運営会社として事業を開始した。

同社は、関西に確固たる基盤を持つオリックス株式会社とポルトガル、カンボジア、フランス、チリなどの世界各地で優れた空港運営実績を持つVINCI Airports (ヴァンシ・エアポート) を中核とするコンソーシアムにより設立され

泉州沖に浮かぶ関西国際空港。

た。大阪国際空港は1939年に開港。利便性の高い都市型空港であり、充実した国内線ネットワークを持つ。また、1994年開港の関西国際空港は、国内有数の国際・国内ネットワークを持つ国際拠点空港。両空港はまさに、関西の空の玄関と言える。

新しいロゴマーク。

　同社では、運営開始から約1年が経った2017年3月に、目指す空港のビジョンをグループ全社で共有し、一丸となって具現化を推進するために、そして「新しい旅の体験」を提供するという決意を込め、新しいブランディングを策定した。『自然体でストレスを減らすこと』と『楽しみを増やすこと』をテーマにした新たなロゴマークは、安心感や快適性を表現する青とワクワク感を表現する赤がひとつの点でバランスよく両立しているイメージ。スローガンの「Shaping a New Journey」には、「空港だけでなく旅全体を見渡す広い視野を持ち、空港体験のイノベーションを実践する、そして新しい旅の体験を創造しつづける」という同社の決意が込められている。

ターミナル拡張と商業エリア拡充──より魅力的な空港へ

　完全民間会社となった関西エアポートは、インバウンド（訪日外国人）増加を追い風に、この1年間でさまざまな施策を行ってきた。

　まず関西エアポート1年目を象徴する出来事として、2017年1月28日に、関西国際空港のLCC専用ターミナルを拡張し、第2ターミナルビル（国際線）を供用開始した。第2ターミナルビルの拡張計画や設計内容については、新関空会社と既に決定していたが、関西エアポートによる運営承継後に、オリックス株式会社とヴァンシ・エアポートのノウハウを積極的に盛り込み、内容を大幅に変更した。

大きな特長の一つは、保安検査場に日本初の「スマートセキュリティー」システムを採用したことだ。日本で一般的に使用されている手荷物検査レーンの長さは約7メートルであるのに対し、スマートレーンは約17メートルと長く、同時に複数の人がレーンを使用できるため、待ち時間を従来より3分の1程度短縮することができる。

　また、ボディスキャナーの導入により、金属探知検査で追加の検査が必要になった場合でも、従来の検査員の手によるボディチェックに比べて少ないストレスで素早く検査することができるようになった。利用者の負担が大きく軽減した結果、空港での自由時間をより多くとることができ、ショッピングや飲食など空港でのひと時をさらに楽しめる。

　もう一つの特長は、商業エリアの拡充だ。インバウンドのお客様を意識した免税店舗や、お土産店、ドラッグストア、「和」と「関西らしさ」をテーマとした飲食店が入っている。さらに、日本初であるウォークスルー型免税店は、単独としては国内最大級の売り場面積（1090平方メートル）を誇り、ゆったりとカーブしたメイン通路を利用者が歩いて通る仕組みになっている。歩きながら、多くの商品を見渡すことができ、回遊性を高めることで、購買意欲を高める効果がある。

　第2ターミナルビルには、オープン時からピーチ・アビエーションが就航し、2017年3月からは中国の春秋航空も使用を開始している。現在関西国際空港では、国際線の3分の1、国内線は半数以上をLCCが占めているが、今回の第2ターミナルビルの拡張により、さらにLCC路線の拡大が見込まれている。

　一方、大阪国際空港では、2020年に開催される東京オリンピック・パラリンピックに合わせた、大規模なリニューアル工事が進んでいる。ここでは、オリックス株式会社のデベロッパーとしてのノウハウと、ヴァンシ・エアポートの空港運営ノウハウが導入され、大阪の中心地に近いという立地を生かした利便性のさらなる向上とともに、地元経済活性化

につながる収益増加の実現を目指すリニューアルだ。グランドオープンに先立つ2018年春には、現在南北に分かれている到着口を中央に集約する工事が完了。それによって地上交通機関との乗り継ぎ距離が短縮され、併せて、中央の商業エリアを全面改装することで利便性と快適性が高まる。

　2020年春には南北ターミナルの出発エリアに、関西国際空港の第2ターミナルビルと同様にスマートレーンの本運用やウォークスルー型商業施設が入る予定で、大阪国際空港の魅力はさらに高まるはずだ。

充実の東アジア路線に加え、バンクーバーやLCCのハワイ直行便も

　同社では、航空ネットワーク拡大に向けた航空路線の誘致にも力を注いでいる。2016年度の総旅客数は、関西国際空港・大阪国際空港の両空港を合わせて開港以来過去最高の4082万人。関西国際空港における2017年夏期スケジュールの国際定期便就航数は4年連続で過去最多を更新する週1260便が計画されている。そのうち、378便はLCCとなっており、国

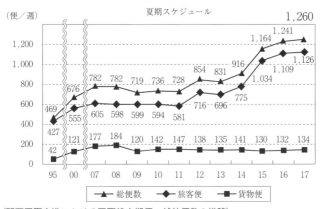

〈関西国際空港における国際線定期便・就航便数の推移〉

エアアジアXの記者発表の様子。

際線のおよそ3分の1がLCCだ。

関西国際空港は、首都圏に比べアジアに近い空港として、特に東アジア路線が充実しており、国際旅客便のうち、4分の3を中国・韓国・台湾路線が占める。その上で、アジア圏以外への中長距離路線の誘致にも力を入れ、2016年冬期スケジュールでは、ニュージーランド航空のオークランド線が約3年ぶりに再就航。2017年夏期スケジュールにおいても、4月からロシアのS7航空が、ウラジオストク線を週2便で初就航、関西からのウラジオストク線は、2008年夏期スケジュール以来のことだ。また、5月からエア・カナダが夏期恒例のバンクーバー路線の運航を開始し、6月にはマレーシアのエアアジアXがホノルル（ハワイ）線を新規就航した。日本からハワイへの直行便はLCCとして初めてであり、LCCによる太平洋横断路線としても日本初だ。

さらに中長距離路線のネットワークを拡大していくため、関西エアポートでは2017年度より新たな戦略的料金制度を導入している。これまでの増量割引に加え、新規路線割引（中長距離路線の新規就航について、初年度は着陸料100％割引）や、関西国際空港を中継地として以遠地点に運航する旅客便に対し、その短区間分の着陸料を3年間100％割引とするトランジット路線割引など、空港としての競争力強化に向けた新料金施策を多数取り入れている。

特にトランジット路線割引については、アジアから関西国際空港経由で他国に向かう便など、日本が最終目的地でない海外客を取り込み、国内・国際線への乗り継ぎを行うことができるトランジットハブとしての関西国際空港の機能を強化していく方針だ。

中国向け「アリペイ」導入、空港内ホテルも充実のインバウンド対応

　関西国際空港の2016年度国際線旅客数は、年度として開港以来過去最高の1915万人を記録。うち国際線外国人旅客数は、年度として過去最高の1243万人、実に国際線の利用者の65％が外国人だ。2016年2月には、関西国際空港の月間外国人入国者数が開港以来初めて成田空港を抜き、国内最多になった。関西国際空港の外国人入国者数は50万2711人で、成田は49万8677人。羽田空港の国際線強化が進み、首都圏への入国が分散したことも一因だが、LCCによる観光客の急増をうまく取り込んできた結果だと言える。

　関西国際空港では、このインバウンド需要の増加を受けて、外国人旅行客がストレスなく空港を利用できるためのさまざまな施策を実施している。例えば、中国人からの観光客により便利に買い物をしてもらえるよう、2016年9月より国内空港としては初めて、中国人向け電子決済サービス「アリペイ」が本格導入されている。

　深夜・早朝便の多いLCC便の利用者に向けて、飛行機のファーストクラスをイメージしたコンパクトホテル「ファーストキャビン関西空港」が2017年3月に開業。外国人観光客が特に求めるWi-Fi環境の充実や、フライトの間にも利用できる時間単位のショートステイも可能で、24時間365日、快適な空間をリーズナブルに提供している。

　関西エアポートでは、新関空会社、国土交通省、航空会社をはじめとする各関係機関と連携し、安全とセキュリティを最優先とした空港運営を柱にしている。適切な投資と効率的な運営によって、国内外からの空港利用者へのサービスを強化しながら、両空港の可能性を最大限に引き出す。民営化によって新たな一歩を踏み出した同社の取り組みが、関西地域コミュニティ、ひいては日本全体の元気を創出していく。

空港の取り組み
日本空港ビルデング株式会社

首都TOKYOの顔として
観光とビジネスを支える空港へ

　1931（昭和6）年、日本初の国営民間航空専用空港として開港した東京国際空港＝通称・羽田空港。国内ハブ空港のイメージが強いが、2010年、4本目のD滑走路と新国際線旅客ターミナルの供用開始以来、世界主要都市へ就航する本格的な国際空港となっている。日本最大のこの空港の旅客数は、2016年度で約8185万人（国内線：6609万人／国際線：1576万人）に上る。

　羽田空港は、敗戦によって一時アメリカ軍に接収され、1952年、日本に返還された歴史を持つ。その際、財政が窮乏していた日本政府は、民間資本によって旅客ターミナルを建設することにした。翌1953年、財界主要企業の協力により生まれたのが、今も羽田の国内線旅客ターミナルを建設・管理運営する日本空港ビルデングだ。以来、同社では空港機能の管理・運用を担う国土交通省と足並みを揃え、国内線第1・第2旅客ターミナルの運営、物品販売、飲食店舗の運営など、安心・安全をベースにした高いサービスを旅客に提供している。

発着回数増加へ　ターミナルビルも機能強化

　現在、総面積1522ヘクタール、計4本の滑走路、国内線第1・第2、そして国際線の3つの旅客ターミナルビルを有する羽田空港だが、ここ最近のインバウンド急増を受けて空港機能強化が進められている。国の予測では2020年代前半、首都圏空港の航空需要は、羽田・成田を合わせ

羽田空港は日本一の利用客数を誇る。滑走路には間断なく航空機が離着陸する。

た年間発着枠75万回のほぼ限界に達する見込みだ。東京の国際競争力を強化するため、国では空港容量の拡大と国際線の増枠を急ぎ進めている。

　国土交通省では羽田空港の発着回数を増やすため、滑走路の使い方と飛行経路の見直しを検討している。羽田への着陸は都心方向からの進入を避けて行われているが、一定の条件のもとでこの規定を見直すことで効率性が増し、1時間当たりの発着回数を10回ほど増やせると試算されている。これにより、年間6万回（2015年）の国際線発着回数（深夜・

Company Profile

所 在 地 ▶	〒144-0041　東京都大田区羽田空港3-3-2　第1旅客ターミナルビル
（本社）	TEL：03-5757-8000（代）
代 表 者 ▶	代表取締役会長兼CEO　鷹城　勲
	代表取締役社長執行役員兼COO　横田信秋
設　　立 ▶	1953年7月20日
資 本 金 ▶	174億8920万円
従業員数 ▶	219名（2017年3月31日現在）

羽田空港第一ターミナルビル（内観／外観）。

羽田空港第二ターミナルビル（内観／外観）。

早朝時間帯を除く）を、9.9万回まで増加できる。

　これを受け、日本空港ビルデングでも羽田空港旅客ターミナルの拡充に取り組んでいる。同社が筆頭株主である「東京国際空港ターミナル株式会社」は、国際線旅客ターミナルの2スポット新設、チェックインカウンター、手荷物受取場を拡充する。しかしそれでは足りないため、同社が運営する国内線第2旅客ターミナルでも、国際線7スポット（国際線専用2、国内線との共用5）の整備、CIQ施設や免税店などを新設し、発着回数の増加分の旅客に対応する。

　乗り継ぎ経路の改善策としては2014年3月、既に国内線旅客ターミナル内に専用通路を新設し、航空会社各社が運行するバスでスムーズな動線を確保している。加えて、国は2020年初夏、東京オリンピック・パラ

リンピックに間に合わせるように、際内（国際・国内）トンネルを新設し、さらに円滑な乗り継ぎを可能にする。

江戸風情のショップ&レストラン　空港「オフィス化」の提案も

同社は、増加する旅客をもてなす施設やサービスの充実にも力を尽くす。

外国人観光客の要望が高いインターネット環境の整備については、既に国内線第1・第2旅客ターミナルと国際線旅客ターミナルの館内全エリアで、無料無線LANサービスを提供。また、トランジット客や早朝・深夜発着便で来港する人々のために、全ての旅客ターミナル内にホテルが置かれている。

第2旅客ターミナルの屋上展望デッキでは、床に埋め込まれた約4000

羽田空港船着場から乗船できる「ジェットセイラー」。クルーズが楽しめる。

個のLEDライトが幻想的な景色を演出。屋内展望フロア「FLIGHT DECK TOKYO」では天候に関わらず航空機の離発着を眺めることができる。羽田空港旅客ターミナル各所には千住博氏の作品が展示され、国内空港初の美術館「ディスカバリーミュージアム」では、ラウンジ風のスペースでフライトの合間にゆったりと美術品などを鑑賞できる。

　2011年に整備された羽田空港船着場からは、新たな東京観光の可能性も発信されている。ここからお台場や横浜への定期便が出ており、空港から観光地へ海路での移動も可能。お花見や花火大会など季節に合わせた遊覧ツアーや、飛び立つ飛行機を真下から眺められる「UNDER JET」ツアーも行われている。

　海外からの観光客を出迎える国際線旅客ターミナルにもおもてなしの仕掛けがある。4階にある「江戸小路」は、江戸文化をテーマにしたレストランとお土産ショップ街。「"Made In Japan"〜羽田Only One」のコンセプトのもと、20のレストラン、17の小売店、2のサービス施設が連なっている。通りの端にある「はねだ日本橋」は、19世紀前半の「日本橋」をベースに復元。日本の全ての街道の起点となった日本橋に倣って、「旅立ちは昔も今も日本橋」の看板が添えられている。幅・長さともかつてのおよそ2分の1のサイズだが、総檜づくりの本格的な橋だ。

　国際線旅客ターミナル5階は、日本の「今」を楽しめるの「TOKYO POP TOWN」。こちらはより現代的な「クールジャパン」「カワイイ」といった感性で展開されている。「ハローキティ」など海外で人気の日本生まれのキャラクターや漫画・アニメ関連の商品を扱うショップや、スロットカーレーシングコースを設けたショップ、日本の空港では唯一のプラネタリウムを備えたカフェもある。

　また、日本空港ビルデングでは、空港を「オフィス」に使う新たな提案も。2018年に国内線第1旅客ターミナルでグランドオープンを予定している約3300平方メートルの「ビジネスモール」だ。モール内には、

「Work」「Culture」「Fashion」「Eat」「Empowerment」「Active」「Learn」「Refresh」の8つのキーワードをもとに、レンタルオフィスやミーティングルーム、貸会議室に、ヘルスケアとリラクゼーション施設、レストラン、ゴルフなどのスポーツ施設が設置される予定。空港内にオフィスを持つことで、日本全国への出張が容易になったり、採用面接や、地方・海外から東京進出の足がかりをつくるための拠点として役立つ。既に2017年5月から約500平方メートルのレンタルオフィスがオープンして人気を博している。

5つ星のサービスを提供　案内ロボットも登場

　空港内をどんな人でも快適に過ごせるようにする努力も見逃せない。国際線旅客ターミナル内の優先席ベンチシートはご高齢の方に配慮し、座面の高さを低く、立ち上がりやすいようひじ掛けが設けられている。こうしたユニバーサルデザインへの取り組みは、2006〜2010年にかけて検討委員会、ワークショップでの議論と実証を重ねた結果であり、その後も2年に一度の事後評価を実施してさらなる改善を図っている。

　各ターミナル内には、ターミナル巡回と案内カウンターで旅客をサポートするコンシェルジュが常駐し、お気軽にお声がけしていただける体制を整えている。また、365日電話対応も受け付けている。国際線旅客ターミナルに在籍している95名のコンシェルジュは、全員一定レベルの英会話能力およびサービス介助士の資格を有し、介助が必要な旅客への対応も十分に行える。また、中国語や韓国語にも対応できるコンシェルジュは「国旗バッジ」をつけて一目で分かるようにしている。

　こうした充実したサービスは国際的にも高く評価されており、イギリスのSKYTRAX社が実施するグローバルエアポートランキングで最高評価の「5つ星」を2014年から3年連続で獲得している。

「Haneda Robotics Lab」の参加企業たち。ロボットたちは来港客に人気を博した。

　サービスへのロボット活用も始まっている。日本空港ビルデングでは2016年から国土交通省、経済産業省と連携し「Haneda Robotics Lab」を開設。ロボット開発を行っている企業に実証実験の機会と環境を提供している。ロボットは、リアルな環境でテストを重ねることで技術水準が向上していく。空港という不特定多数の利用者がいる空間は、実証実験に適した環境であり、清掃ロボットや移動支援ロボット、案内ロボットなど日本の技術を世界中の人に知ってもらうショールームにもなる。羽田空港で育ったロボットが、最先端ロボットとして世界へ飛び立っていく日も遠くないはずだ。

空港職員全員が防災要員　安心・安全を守る不断の取り組み

　全てのサービスは安心・安全が担保されてこそ成立する。羽田空港旅客ターミナルの全ての建物は、新耐震基準に基づいて設計されており、

震度6強以上の巨大地震でも倒壊する危険性はない。落下物防止のため、旅客ターミナルの天井部などを補強し、ガラスの飛散を防止するため防炎垂れ壁をガラス式からフィルム式に交換したり、緊急地震速報や津波などの警報を即時に館内フライトモニターなどに表示するシステムを導入。気象庁の研究地震速報情報を旅客ターミナルの館内自動放送設備に取り込み、大きな揺れが到達する前に地震発生を日本語と英語で伝える対策も行う。

　同社の防災センターは、24時間365日のセキュリティ体制を整備。人による巡回や多数の防犯カメラなどによる監視や集中施錠管理、火災報知設備で日々の安全を守るとともに、大規模災害や緊急事態には防災センターが拠点となって指揮を執る。また、直営店舗のスタッフや間接部門のスタッフもAED処置の講習や応急救護研修を受け、有事の際には防災要員として的確かつ迅速な対応がとれるように日々訓練を重ねているそうだ。帰宅困難者のための物資備蓄として、1万1000人の人々が3日間滞留できる量の非常食や毛布などを確保している。また、各飲食店や自動販売機などの物品も、有事の際には滞留者に提供できるよう、事業者と協定を結んでいる。

　政府は2020年、訪日外国人旅行客を4000万人にする目標を掲げ、羽田空港でも前述のような飛行経路の見直し、ターミナルの拡充など空港機能の強化が進められている。日本空港ビルデングでは、東京オリンピック・パラリンピックも見据え、「オール羽田」でこの需要に応えていこうとしている。都心に最も近い空港であり、東京の都市としてのグローバル競争力を向上する面からも大きな期待がかかる羽田空港。観光先進国の実現へ向け、羽田空港の存在感はますます高まっていくことだろう。

空港の取り組み
新千歳空港ターミナルビルディング株式会社

地域と連携し、北海道発展のために空港が果たせる役割を見据えていく
――さらなる受け入れ強化に向けて国際線ターミナルビルを2019年夏までに拡張オープン

地域の核として機能するための場づくりに徹する

　北海道千歳市と苫小牧市にまたがる新千歳空港は、国内有数の利用客数を誇る「北の玄関口」として知られる。現在の国内線旅客ターミナルビルは1992（平成4）年に供用を開始、2010年には国際線旅客ターミナルビルを新設し、11年には国内線旅客ターミナルビルを増改築リニューアルオープンした。16年度の売上高は前年比11億円増加の550億8千万円を計上し、過去最高の売上高を更新した。

　同社の空港経営のコンセプトは、「飛行機を利用する人たちだけが利用するターミナルではなく、地域住民の方などにターミナルへ来てもらうこと自体が目的になるような姿」を目指すという点だ。

　「空港そのものが魅力的な空間にならなくてはならない」という思いから今までの空港には無い喜びや感動を提供するエンターテインメント施設を整備し、時間消費型・滞在型の空港ターミナルビルとして、従来の飲食店やお土産など物販コーナーのみならず、温泉や映画館、ドラえもんやハローキティ、初音ミクの施設など、およそ航空事業とは思えないコンテンツがふんだんに用意されている。

　まさに、空港そのものが子どもからお年寄りまで幅広い層が楽しめるテーマパークと言っても過言ではない。

空から見た新千歳空港。

　特に、商業施設については、できる限り高いレベルの商品展開が充実できるように、とことんこだわっている。北海道の「食」の豊かさは、日本はもとより海外での認知度も高い。従って、北海道にしかない商品やサービスを積極的に提供し、「ここでしか食べられない、手に入らないスイーツやお酒などを提供し、驚きと感動を提供したい」と、北海道全域での商品開発を貪欲に行っている。

Company Profile

所 在 地 ▶ 〒066-0012　北海道千歳市美々987番地22
(本社)　　 TEL：0123-46-5100（代）
代 表 者 ▶ 代表取締役社長　阿部直志
設　　立 ▶ 2017年4月27日
資 本 金 ▶ 1億円
従業員数 ▶ 78名（平成29年7月現在）
※北海道空港㈱の100％子会社である新千歳空港ターミナルビルディング株式会社は2017年7月1日付をもって会社分割により空港ターミナルビル施設等の運営事業を北海道空港㈱より承継。

店舗と一緒に新商品を作る段階からスタートすれば、空港限定品の商品開発や販売も可能になる。店舗側にとっても、新千歳空港で「おいしい」という評判が立てば、その評判をベースに東京に進出したり、商品が東京や世界に展開する足掛かりになる。つまり、新千歳空港ターミナルビルディング株式会社が目指す姿勢は、北海道の魅力を国内外に発信する「北海道ショールーム」としての機能に徹するというわけだ。

雇用面でも同空港は地域に多大な恩恵をもたらしている。同空港で働く従業員数は、周辺産業を加えると1万人近くになるという。こうした雇用効果もあって、地元の千歳市の人口（9万6000人）は、道内一番の伸びを示している。同社は「地域や北海道全体に元気をもたらすためにも道内で一番元気のいい企業を目指したい」としている。

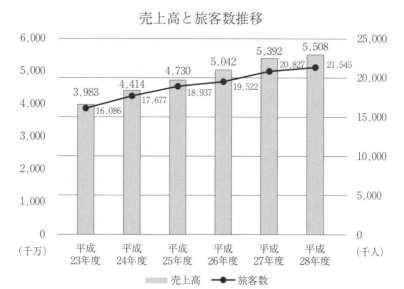

〈新千歳空港ターミナルビルディング㈱の売上高と旅客推移〉
2015（平成27）年度、国内線・国際線旅客数が初めて2000万人の大台を突破した。旅客は、新千歳空港利用者を指す。

2019年、国際線ターミナルビル拡張オープンへ

　新千歳空港は、2016年度の国内線・国際線合計で見た乗降客数ランキングは2154万5000人で、羽田、成田、関西、福岡に次いで国内第5位。背景にはLCCの就航が非常に増え、国内・国外ともに北海道を訪れる人が増えていることが挙げられる。

　北海道は、20年のインバウンド4000万人という国の目標に対して、道内で300万人の目標を立てて、プロモーション活動もアジアやオーストラリアなどを対象に積極的に展開。今後も利用者は右肩上がりに伸びていくことが予想されている。

　それだけに、安全、確実、快適な航空サービスの実現に向けて、新千歳空港ターミナルビルディング株式会社に求められる責任は大きい。

　同社は、安全、確実、快適な航空サービスの実現のためには、国、航空事業者に加え、地元の北海道庁や周辺自治体の協力が不可欠としながらも、「空港そのものの容量がかなり限界に近づいている状況」とシビアに分析する。発着枠制限が、1時間当たり32便から42便に拡大され、それに伴う誘導路の複線化、駐機スポット、エプロンの拡充、高速脱出誘導路の設置などの課題もある。

　国際線ターミナルビルは、ラグビーワールドカップが開催される19年夏までにさらなる受け入れ体制を強化するため、現在の約6万平方メートルから約14万5000平方メートル（ホテル含む）まで拡張される計画となっている。国も同空港の課題解決のため、「国際線ターミナル地域再編事業」として国際線エプロンと南側誘導路などの整備に乗り出した。

　同社は、国際線ターミナルビルの機能を向上させるため、外国人観光客向けのハイグレードなホテルの新設も決定している。ホテル客室数は約200室になる予定で、既存のホテルと併せ約400室。エアラインカウンター、ラウンジ、商業施設など空港内の設備も充実していくという。

さらに、北海道観光振興機構と共同で外国人観光案内所を2016年10月に開設。道内外の外国語観光パンフレットを多数取りそろえ、専門のスタッフが7カ国語（英語・中国語・韓国語・タイ語・ベトナム語・スペイン語・ポルトガル語）に対応し、旅行相談にも応じている。

国内線および国際線ターミナルビル内のインフォメーションカウンター全10カ所には、7カ国語対応の多言語通訳システムも導入。同システムは、外国語で質問を受けた際に、iPadの専用端末を用いてコールセンターにつなぎ、通訳スタッフとフェイス・トゥ・フェイスで通訳サポートが受けられる仕組みだ。

利便性向上や情報発信機能を強化するため、自由に利用してもらえるiPad端末や4K対応の高画質マルチビジョンも導入し、日本政府観光局が設定するカテゴリーⅢの認定も受けている。

現在、新千歳空港の利用は、東南アジアよりも韓国、台湾、中国など東アジアからの観光客が多い。しかし、パウダースノーがある北海道の特長を考えると、今後はマレーシア、インドネシア、タイ、ベトナム方面からの観光客が大幅に増加することが期待されている。

かつて日本がハワイに抱いたイメージを北海道で具現化できる可能性が十分あるといえ、同空港では、今後「イスラムのハラール対応を積極的に進めていきたい」としている。道庁や各自治体と連携しながら北海道の魅力をアピールし「一生に一回は北海道に行きたい」というイメージを抱いてもらえるプロモーション活動を展開していく予定だ。

道内各空港と共に次代の空港の在り方を見据える

「日本の北の玄関」へとなるべく対応を進めている新千歳空港。そのため、新千歳空港ターミナルビルディング株式会社では「北海道全体をどう盛り上げていくか」という視点を大切にしている。

新千歳空港ターミナルビルディング株式会社

新千歳空港ターミナルビル内の様子。ボーカロイド「初音ミク」のフィギュアの展示やドラえもんなどエンターテインメント要素がふんだんに取り入れられ、従来の空港コンセプトとは一線を画している。この他、温泉や映画館、ハイグレードなお酒が飲める専門店も設置されるなど、子どもから高齢者まで幅広く楽しめる仕掛けが満載だ。

外国人観光案内所。7カ国語に対応し、日本政府観光局が設定するカテゴリーⅢの認定を受けている。

　北海道には、札幌・小樽など道央圏に集中する観光客をいかに他地域に分散させるかという課題があるが、この課題解決には、函館空港から北海道に入って新千歳空港から出国したり、逆に新千歳空港から入国して、釧路のたんちょう釧路空港で出国するなど道内の他空港との連携が不可欠になることから、道内の他空港と役割分担することで、さまざまな可能性が広がると見ている。

　二次交通との連携も不可欠だ。現在、新千歳空港からはJR北海道による6両編成の快速電車が札幌方面へと走っているが、ほぼ満杯の状態だ。運行ダイヤを7～10分に1本にしていけば、かなりの混雑は解消されるだろうが、現行のプラットホーム1本で交互にピストン発着させる輸送体制は限界に来ていると言っても過言ではなく、近い将来、抜本的な見直しが求められてくるはずだ。

　バスも道内では便利な公共交通機関の一つだが、LCCの利用客に対しては、現状とは違うサービスが課題として挙げられよう。特に外国人観

光客にとって、バスは極めて重要な交通手段で、時間帯の拡大と空港からの路線確保が大きくクローズアップされてくるだろう。

またマイカーが地域住民にとって重要な足となっている北海道では、自動車に対する設備の充実が指摘されている。新千歳空港の駐車場は、慢性的な満車状態が続く。現状では、駐車場設備は、空港環境整備協会を中心に増強工事が進んでいるが、今後も利用者ニーズに応じた駐車場設備は欠かせない。

さらに外国人観光客に対しては、レンタカーの利用がますます増えていくと予想される。レンタカー利用については、これまでも北海道の重要な移動手段と位置付けられているため、空港内の案内カウンター等の機能についても今後、利用者ニーズに応じてさらなる充実が期待されている。

高齢化や人口減少が進む中で、地方創生という流れは避けて通れない。だからこそ、新千歳空港ターミナルビルディング株式会社では、北海道の観光、食、産業をどう磨き上げていくかという視点から、空港が果たせる役割をしっかり見据え、地域とともに連携していく姿勢を鮮明に打ち出している。

空港の取り組み

福岡空港ビルディング株式会社

観光立国実現に向けた福岡空港の取り組みについて

福岡空港の現状

　国からは、「観光は、真にわが国の成長戦略と地方創生の大きな柱である」との認識の下、2020年訪日外国人旅行者数4000万人、訪日外国人旅行消費額8兆円などの目標に向けて「観光先進国の実現」に取り組む方針が示されている。

　また、厳しい財政制約の下、経済成長を持続させるため民間事業者の能力活用が不可欠とされ、福岡空港においてもコンセッション方式による民間運営を行うための手続きが進められている。

　このような中、同空港は年間旅客数を、14年度に2000万人を達成。15年度には2137万人、16年度には熊本地震による国際線旅客の落ち込みはあったものの、2231万人（速報値）と過去最高を更新し続けており、国内線・国際線合計で見た乗降客数ランキングでは、東京国際空港（羽田）、成田空港、関西空港に次いで第4位を記録した。特に国際線旅客数の伸びは顕著で11年度に254万人だったものが、16年度は過去最高の517万人（速報値）となり、5年間で倍以上の伸びを示している。

　この要因としては、円安による割安感の定着とビザ解禁などによる訪日志向の高まりという環境面の変化が追い風になり、格安航空会社（LCC）の出現と、アジア地域の人々の所得の向上を背景とした訪日旅行客の増加が大きく影響している。

　特にアジア系LCCの福岡空港への新規就航や増便が近年速いペースで

進み、国際線LCCの便数は今では5割程度を占めている状況だ。

もう少し長いスパンで旅客数を見ると、02年度の1967万人に達するまではほぼ堅調に推移していたが、その後9年間くらいは国内線旅客の減少により漸減傾向になった。この要因にはやはり、少子高齢化などの人口構造の変化という国内事情が影響していたと考えられる。先述の通り、LCCが登場したことなどが追い風になって国内旅客数も11年以降微増のペースで推移し、16年度は1713万人となり、02年度と同水準に回復した。しかし、長期的には、横ばいか、多少減少に転じる時期が来る可能性も予想される。一方、航空需要予測では、アジアからの需要は今後も確実に増えると予想されているので、福岡空港ビルディングではアジアゲートウェイとしての役割が果たせるように施設の改善に取り組み、海外からの訪日外国人旅行者のベースを高い水準で維持したいと考えている。

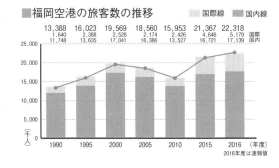

Company Profile

- **所 在 地**▶〒812-0003　福岡市博多区大字下臼井782番地1
- **(本社)**　　　TEL：092-623-0515　(代)
- **代 表 者**▶代表取締役社長　津上 賢治
- **発　　足**▶1967年4月1日
- **資 本 金**▶105億1883万1785円
- **従業員数**▶169名（2017年3月現在）

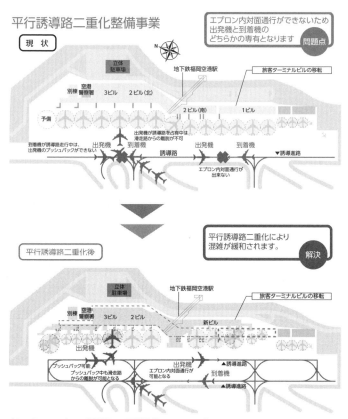

〈ターミナルビルの課題と、再整備後のイメージ〉

空港容量の拡大に向けた取り組み

　近年、旅客数が順調に伸びる中、現状は１本の滑走路で発着が行われ、2015年度の発着回数は安定的に運航できる目安の16万4000回を超え16万7000回（ヘリコプターを除く）に達し、滑走路１本あたりの発着回数としては国内空港では最多となった。特に朝夕の混雑時間帯では航空機の遅延が頻発しており、これらの状況を受け16年３月に国から「混雑空港」に指定された。

　現状の混雑を緩和するためには空港容量を増やすことが喫緊の課題

で、これに対応するため航空機の遅延・待機解消策として、国は12年より国内線側の「平行誘導路の二重化」事業に着手。福岡空港ビルディングも、旧国内線第1ターミナルビルのセットバックと国内線旅客ターミナルビルの全面リニューアルに向けた再整備工事を15年6月から本格的に着工した。16年10月には旧第1ターミナルビルを閉鎖し、その機能を旧第2・第3ターミナルビルに集約すると共に、新国内線ターミナルビルの北側コンコースや出発保安検査場／北等の供用を開始している。

一方、国により、現滑走路の西側に滑走路（2500メートル）を増設し、併せて着陸帯、誘導路、場周道路の整備など行う事業計画が16年に決定。25年の完成に向けて事業が開始された。

これに伴い、福岡空港ビルディングでは国内・国際の現貨物施設を、国際線ターミナルビル寄りにセットバックする工事に今年1月より着手。18年2月頃には供用開始予定となっている。

福岡空港の滑走路処理能力は、国内線側の平行誘導路二重化により、現在の年間16万4000回から同17万回に増加し、混雑空港の指定により1時間当たりの発着回数が35回と制限されていたものが、1時間当たり37回となる。

また、滑走路増設後の処理能力は年間18万8000回となり、1時間当たりの発着回数は40回まで拡大。空港容量が増えることで混雑の緩和が期待できる。これにより、新規路線の就航や増便などで増加する訪日外国人旅客の受け入れ態勢も強化されるはずだ。

急増する訪日外国人旅客への対応

現在の国際線ターミナルビルは年間390万人の旅客に対応できる施設として1999年に供用が開始された。当時としては十分な施設規模だったが、訪日外国人の急増に伴い、施設の狭隘化やチェックインカウンター

新しくできたフードホール「ザ・フードタイムズ」。

などの不足が問題となってきた。そこで福岡空港ビルディングでは、2014年から搭乗待合室の拡張や共用チェックインシステムの導入など、施設・設備面の改善を段階的に進めている。

搭乗待合室の拡張では、隣接する航空会社の事務所などを移転することで約600平方メートルのスペースを確保。待合スペースの確保と免税店の一部リニューアル、ゲート内飲食店やカードラウンジの設置などサービス面の強化・充実を図る。

また、不足していたチェックインカウンターの改善策として、共用チェックインシステムの導入を順次進めたことで、搭乗手続きの円滑化および新規就航や増便にも対応できるようになった。

その他、保安検査場の拡張やボディスキャナーの導入、バスラウンジの拡張などの整備にも取り組み、2017年度末を目途に完了するよう進めている。

利用者利便の向上策として、多言語表記が、既に4カ国語（日本語・英語・韓国語・中国語）が固定表示やフライトインフォメーションシステムで採用されているほか、イスラム教をはじめ宗教を問わず利用可能な礼拝室の設置や、Wi-Fi対応も全館に完備されている。訪日外国人に

対する案内サービスにも注力し、15年に日本政府観光局より「外国人観光案内所」として九州で初となる最上位のカテゴリー3の認定を受けた。また、便が集中し外国人旅客が多くなる時間帯には、語学案内ボランティアと提携。英語・韓国語・中国語による館内巡回案内サービスなども行われている。

訪日外国人へのサービスを強化した案内所。

　福岡市での国際会議は09年以降、東京に次いで7年連続2位の開催実績となっている。13年には、環境省から「グローバルMICE戦略都市」として選定を受け、国の支援の下、国際競争力強化に向けた活動が行われ、16年にはライオンズクラブ国際大会などの大型コンベンションの誘致にも成功した。

　今後も、さらなるMICE機能の強化を図るためコンベンション施設が集積するウォーターフロント地区（中央埠頭・博多埠頭）において展示場の整備やホテル・にぎわい施設などの民間施設の誘致が計画されている。

　福岡空港の特長として、アクセスの良さが挙げられる。空港から博多駅は地下鉄で約5分、天神までは約11分で移動でき、繁華街からコンベンションエリアまでの距離が日本のどの都市よりも近いことが大きな魅力と言える。しかし、地下鉄は国内線側にしか乗り入れていないため、国際線と国内線間の移動が課題となっていた。

　急激な国際線利用者の増加に伴い、国際線と国内線間のシャトルバスは航空機の出発便や到着便が重なる時間帯には混雑がみられ、すぐに乗

天神にオープンした市中免税店。

車できない状況が頻発するようになっていた。そこで、国際線からのアクセス改善のため、シャトルバスの増車・増便や誘導員の配置、また国際線から発着する市内向けバスの増便のほか、多言語対応できるタクシーコンシェルジュの配置や外国人向けレンタカーカウンターの設置など、関係者の協力のもと改善が図られている。

クルーズ船利用を見込み、空港・港と連動する市中免税店を福岡中心部に展開

　国は20年までに訪日外国人観光客を4000万人に増やす目標を立て、17年も訪日外国人観光客は過去最高ペースで増加していると発表されている。国が進めるインバウンド促進施策については、福岡空港ビルディングとしても積極的に貢献していく方針で、特に同社が積極的に進めてい

福岡空港は、市のMICE戦略の核と期待されている。

るのが、クルーズ船利用客も利用を見据えた営業戦略と言えよう。

　福岡空港からの外国人入国者数は2015年に139万人、16年には163万に上った。一方、クルーズ船の博多港への寄港数は15年に259回、16年は328回と2年連続で日本一となり、外国人入国者数は15年に68万人、16年に94万人となった。この結果、空港・港を合わせた昨年の外国人入国者数は257万人となり、5年連続で過去最高を更新した。

　このような状況を踏まえ、同社では、16年4月から福岡市内中心部の天神地区にある福岡三越に空港型市中免税店をオープンさせた。市中免税店を設立した狙いには、①出発時にしか立ち寄ることが出来ない空港型免税店を、誰もが立ち寄りやすい市中へ展開することで高品質のショッピングの魅力を発信し、利用者のニーズに応えること②福岡市がMICE戦略都市に指定され、国際会議が頻繁に開催されるため、市中に外国人ビジネス客の需要が見込めること③当地では空路以外にクルーズ船での訪日外国人も見込めること――などが挙げられる。市中免税店のある商業ビルにはバスターミナルも併設されており、外国人観光客用の貸切バスも駐車できるスペースが備えられている。

　市中免税店では、まず空港を利用した観光客やコンベンションへの利用客を想定しているが、クルーズ船や定期船の外国人観光客もターゲットに据えている。クルーズ船や定期船の利用客には港渡しも可能。クルーズ船にも対応できる空港型市中免税店は日本では初めてとなる。

　福岡空港ビルディングは、増加する訪日外国人観光客のニーズに的確に対応し、今後も福岡空港の利便性を上げ、空港の価値を高めるべく研鑽を積んでいる。

> 空港の取り組み

那覇空港ビルディング株式会社

那覇空港を拠点に、ヒト・モノの交流を担っていく
―― 国際線と国内線両ターミナルビルの相乗効果に期待

右肩上がりの利用客――県もインバウンドに積極姿勢

　那覇空港の乗降客数は、2011年以来右肩上がりを続け、16年度は国内線と国際線を合わせ、2003万6000人を記録。国内空港では、羽田・成田・関西・福岡・新千歳に次ぐランキング6位で、開港以来初めて2000万人を突破した。

　国内客の伸びは順調だ。要因として、12年のLCCの就航が挙げられよう。日系LCCとして、ピーチアビエーション、バニラエア、ジェットスターの3社が就航しており、いずれも好調。円安効果によって、海外志向の消費者が、国内でも非日常が味わえる沖縄を選んだとの分析も出ている。

　国際線も好調だが、こちらは政府のインバウンド推進政策に拠るところが大きいと言えるだろう。特に、最初に日本を訪問する際、東北3県（岩手・宮城・福島）か沖縄で1泊することを条件に発給され、3年間の有効期限内であれば何度でも使用できる中国人向けの数次ビザが奏功した。もちろん、円安傾向というマクロ環境も追い風になった。

　地方自治体の営業努力も見逃せない。沖縄県は、アジア地域を中心に海外へのプロモーション活動を積極的に展開。同県は、観光をリーディング産業として位置付け、県の海外事務所を中心に多彩な活動を進めている。15年には県職員らが中心となって、シンガポール、台湾、フィリ

国際線ターミナルの鳥瞰写真。

ピンなどでプロモーション事業を実施。特に台湾では、現地LCCから「ぜひ、沖縄に大型機を飛ばしたい。増便したい」との強い要望を受けたという。さらに、アジア最大の航空路線商談会「ルーツアジア」が17年3月に沖縄で開催され、数年前から同商談会の誘致に取り組んできた沖縄県はホストとして沖縄への新規就航を海外の航空会社に呼びかけた。

今後もさらに需要の伸びが予想される中で、クローズアップされてくるのが受け入れ体制の問題になるだろう。受け入れ体制整備のポイントとして①滑走路②駐機場③ターミナルビルの三つが挙げられる。

滑走路については、現在は1本の滑走路で運用されているが、かなり

Company Profile

所 在 地 ▶ 〒901-0142 沖縄県那覇市字鏡水150番地
(本社)　　TEL：098-840-1151（代）
代 表 者 ▶ 代表取締役社長　兼島　規
設　　立 ▶ 1992年12月1日
資 本 金 ▶ 35億6685万円
従業員数 ▶ 72名（2017年3月現在）

混雑している状況だ。国が、現在の滑走路の沖側に2700メートルの第2滑走路を建設中で、20年の3月には供用開始される。この第2滑走路が機能してくれば、処理容量は大きく向上する。

駐機場については、国際線の固定スポットを増やすために、コンコースやボーディングブリッジが増設され、16年10月に供用開始されている。

国際線と国内線両ターミナルビルの相乗効果に期待

そして、三つ目のポイントがターミナルビルだ。現在は、那覇空港ビルディング株式会社が国内・国際両ターミナルビルを運営する。国際線ターミナルビルは、2014年2月に供用開始。当時は100万人対応可能という規模で建設されたが、供用開始後すぐに計画容量がオーバーしてしまった。現在の国際線は300万人の乗降客数実績なので、その対応を急ぐ必要から国際線ターミナルビルと国内線ターミナルビルを連結する施設（約3万9000平方メートル）が新たに建設される予定だ。今年1月に工事着工し、同社は「20年の第2滑走路が供用開始される時期までには国のCIQ検査施設の拡張を含めて体制を整えたい」としている。

ターミナルビルの容量問題は、空港にとってまさに"一丁目一番地"の課題。期待は、国際線ターミナルビルと国内線ターミナルビルの連結、「際内連結ターミナル施設」に集まる。一般的な国内の空港の場合、国際

那覇空港際内連絡ターミナル施設。

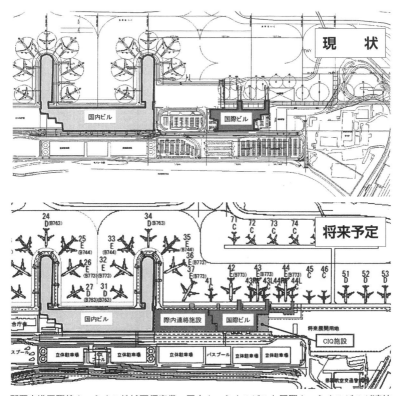

那覇空港国際線ターミナル地域再編事業。国内ターミナルビルと国際ターミナルビルが連結ターミナルによって結ばれるのがポイントだ。駐機スペースも増え、現在の混雑解消が期待される。

線ビルと国内線ビルは少し離れているが、同空港の「際内連結ターミナル施設」は、国内では非常に珍しい施設となる。完成すれば、現状の3倍ほどのチェックインカウンターが設けられ、約500万人の外国人観光客に対してもしっかり対応できると期待されている。同社によると最近、外国人観光客がわざわざ国内線ビルを利用しているケースがよく見受けられるそうだ。つまり、外国人観光客がそれを目的に訪れるコンテンツが国内線ビルにあるということだ。魅力ある空港をつくり上げていく上で、コンテンツの磨き上げという点も課題として挙げられてくる。

　受け入れ体制の強化という課題も挙げられよう。現在、国際線ビルは

日本語・英語・中国語（簡体字・繁体字）・ハングル語など4か国語に対応しているが、国内線ビルは主要な動線は整えられているものの、多言語対応までは行き届いていない。店舗も、外国人利用が増えている状況に戸惑いが見られ、多言語対応化が急務になっている。Wi-Fi環境も、国際線ビルは全て完備されているが、国内線ビルは整備上の課題が残されている。

アジアとの交流を考えるB to Bのビジネスモデルの構築

　2015年、中国人旅行者を中心に「爆買い」という言葉が流行した。16年度から中国が海外で購入した商品を中国国内に持ち込む際の関税を強化している事情から、爆買い現象は縮小傾向にある。しかし、沖縄県の調査によると中国を筆頭にインバウンドの消費単価は国内客に比べかなり高いという結果が明らかになり、那覇空港ビルディングでは「外国人観光客のニーズを踏まえしっかり対応していく必要がある」としている。

　同社は、消費については、個人観光客を対象にするB to Cのビジネスモデルだけでなく、B to Bのモデルも構築し、複合させることにも着目している。具体的には、那覇空港が、全国都道府県の特産物を置いてシ

2017年3月に行われたアジア最大の航空会社商談会「ルーツアジア2017」の様子（沖縄コンベンションセンターにて）。

ョールームの役割を果たせるのではと考えている。アジア各国のバイヤーに対しては、一番距離の近い沖縄が競争上優位にあると言えるわけだ。

　同空港では、24時間対応という利点を生かして、全日空が中心になって物流ハブ事業を展開。例えば、シンガポールで、「青森県産のりんご」と注文すると、翌日には配送されるシステムになっており、この仕組みを生かし、沖縄県が音頭を取って、毎年11月に沖縄大交易会というイベントも開催している。

　「大交易会」は、アジア各国のバイヤーが対象。サプライヤーは沖縄県内業者のみならず全都道府県の農業産地となる。例えば三重県の真珠や静岡県のメロンなどの売り込みが大交易会を通じて毎年開かれている。毎回非常に盛り上がり、商談の成約率も高いそうだ。地元産をアピールしてほしいとの意見もあるそうだが、同社では、「他のモノが売れると、地元産にも関心を示してくるので、相乗効果は必ず期待できる」と自信をのぞかせる。政府が20年までに農林水産物の輸出額を1兆円にする「攻めの農林水産業」を掲げる中、この「大交易会」は、農産物の輸出にも大きく貢献するだろう。

　そもそも第1次安倍政権の時にアジア・ゲートウェイ構想が打ち出され、いち早く手を挙げたのは沖縄県だった。同県を起点に日本本土との交流、アジアとの交流を考えると、「BtoBのビジネスモデルの構築も十分可能で、こうした複合的なビジネスモデル構築が、空港の消費拡大に結び付く」(那覇空港ビルディング)と見ている。

那覇空港が目指す将来ビジョンとは

　沖縄県は、周りを海に囲まれた離島県——当然ながら高速道路や新幹線など他のアクセス手段がない分、空港が玄関口として非常に重要な役割を果たす。旅客に関しては、船の交通網も限られているので、まさに

那覇空港国際線ターミナルビル祝賀会。こうした伝統芸能や遊びを披露する場が空港内にも設置される方針だ。

空一本というのが実情だ。空港施設の整備は、観光客のみならず、県民、ひいては沖縄の振興にとっても重要な事業と言える。そのため、那覇空港ビルディング株式会社は、「空港が地元の方々にも気軽にかつ快適に利用できるような存在でありたい」と考えている。

同空港へのアクセスは、沖縄都市モノレール（通称「ゆいレール」：那覇空港・首里間約13キロメートル）を利用すると、那覇市中心部まで10分ほどだ。この利便性を県民に大きくアピールしていきたいとしている。とはいえ、沖縄県は、戦後鉄軌道がなかったために圧倒的な車社会。ゆいレールは2003年に完成した比較的新しいインフラなので、今でも県民は圧倒的に車を利用しているという。

そこで同社は、駐車場の整備にも力を入れ、16年9月には従来の1.5倍ほどの規模に増設した。ハード面の充実のみならずソフト面でのサービス提供も重要と位置付け、単なる物販や食事の提供に留まらず、遊びや伝統文化を披露する場として、空間を活用していくことにも着目している。地域に親しまれる空間づくりは、「外国人観光客にも受け入れられる可能性が多分にあるはず」と分析する。

アジア地域に近いという地の利は沖縄にとって最大の強みと言える。

沖縄は、東京と香港とのちょうど中間地点に位置し、アジア各主要都市から見ると、2〜4時間くらいの距離にある。言い換えれば、沖縄を中心に考えれば台湾、ベトナム、バンコクも4時間以内に行ける距離ということになる。

　同社は、この地の利を生かし、将来はトランジット客の受け入れまで見据える。24時間対応という特長をもとに、例えば将来的に空港内にホテルが整備されれば、深夜便の利用客に休んでもらい、翌日別の都市への移動や、沖縄の観光などさまざまな選択肢が広がるとしている。こうなると、観光客だけでなく、ビジネス客まで取り込める可能性が十分出てくる。ビジネス客の取り込みについては、沖縄県が計画を進めている大型MICE（企業等の会議／Meeting、企業等の行う報奨・研修旅行＝インセンティブ旅行／Incentive Travel、国際機関・団体、学会等が行う国際会議Convention、展示会・見本市、イベント／Exhibition、Eventの頭文字）施設の活用も重要になってくるはずだ。

　かつて琉球王国期の15世紀に、「万国津梁（ばんこくしんりょう）」という言葉に象徴された大交易の時代があった。海路を旅して、日本をはじめ中国や韓国、ベトナム、タイ、インドネシア、シンガポール周辺まで行き来しながら、モノの流れを構築した大交易時代を指す。当時の琉球王朝は、大交易によって巨万の富を得たが、同時に彼らがなし遂げた成果には、ヒトの交流があったという。その影響は、例えば泡盛や琉球料理、芸能文化にも色濃く残されている。那覇空港ビルディングは、那覇空港を拠点に、ヒトの交流を担う気概を持って整備事業に全力を尽くす方針だ。

空港の取り組み

北陸エアターミナルビル株式会社

行政と積極的に連携し、新幹線との共存を目指す

　小松空港は、本州日本海側では最も乗降客数が多く、金沢市を中心とした石川県南部（加賀地方）、福井市を中心とした福井県北部（嶺北地方）へのアクセス拠点になっている。2016年度旅客数は、国内線が約149万2000人、国際線17万8000人。そのうち、ドル箱の東京便は、全体の約3分の2に当たる109万3000人を占める。従って小松空港を運営する北陸エアターミナルビルの戦略は、ドル箱の東京便の乗降客を維持しながら、急伸している国際線をいかに伸ばしていくかがポイントになってくる。

　北陸新幹線が開業した15年度には、東京方面の顧客が新幹線に奪われる形で、東京便は対前年比62万5000人減、65パーセントまで落ち込んだ。16年度には、羽田で大韓航空が滑走路事故を起こしたり、強風の影響で多くの欠航便が発生したことを考慮すれば、対前年度比97.3パーセントはかなり健闘していると言ってよい。

　北陸エアターミナルビルも「状況をもう少し見届ける必要がある」と前置きしながらも「ようやく新幹線とのすみ分けができてきたのではないか」と手応えを感じ始めている。

石川・福井両県と積極的に連携

　北陸エアターミナルビルでは、石川・福井両県と積極的に連携。主に、国内線利用客を視野に小松空港活用のための三つの戦略を実施した。第一の戦略として、石川県が中心になってビジネス客をターゲットにした

小松空港のターミナルビル。

ビジネスサポートキャンペーンを展開。「小松空港を応援します」と宣言し、同社に宣言書を持参すると、特別パスポートが発行される。特別パスポートには、小松空港の駐車場や売店での購入品が割引される特典が付いているが、空港を利用するたびに、パスポートをかざすと、ポイントが付加され、リムジンバスや駐車場が無料になる特典も付加される。ビジネス客をターゲットにしている理由は、利用単価が高く、航空会社にとっても大事な客であることに加え、北陸新幹線の影響を大きく受けた層だったからだ。ビジネス客の回復が、空港活性化の大きなポイント

Company Profile

所 在 地 ▶ 〒923-0993　石川県小松市浮柳町ヨ50番地先
（本社）　　TEL：0761-23-6111（代）
代 表 者 ▶ 代表取締役社長　岡田靖弘
設　　立 ▶ 1960年10月1日
資 本 金 ▶ 8億円
従業員数 ▶ 46名（2017年3月現在）

空港の取り組み

と位置付けられた。

　第二の戦略として、「小松空港は福井県の空港でもある」として福井県への需要テコ入れが積極的に展開された。福井から上京する際は、米原経由の東海道新幹線が競合ルートになるが、所要時間は約3～5時間か

1．所要時間比較

区　分		交通手段	行　　程	所要時間
福井 ↓ 東京	始発	飛行機	福井駅……………………小松空港………………羽田空港 　6:05発　　連絡バス　7:04着　　飛行機　　8:55着 　　　　　　　　　　7:45発	2時間50分
		東海道 新幹線	福井駅…………米原駅…………名古屋駅…………東京駅 5:48発　しらさぎ 6:56着　ひかり　7:33着　のぞみ 9:23着 　　　　　　　　7:06発　　　　　7:44発	3時間35分
東京 ↓ 福井	最終	飛行機	羽田空港………………小松空港………………福井駅 　19:05発　　飛行機　20:50着　　連絡バス　22:04着 　　　　　　　　　　21:05発	2時間14分
		東海道 新幹線	東京駅…………名古屋駅…………米原駅…………福井駅 20:20発　しらさぎ 22:01着　ひかり 22:38着　のぞみ 23:50着 　　　　　　　　22:10発　　　　　22:48発	3時間30分

※掲載の所要時間はH27.9ダイヤから算定したもの。

2．運賃比較

飛行機利用の場合				東海道新幹線利用の場合 （福井〜東京片道運賃）
飛行機運賃		バス運賃	合　　計	
予約購入期限	最安片道運賃			
75日前まで予約購入	9,690円～	1,250円	10,940円～	13,880円 （普通自由席）
55日前	9,790円～		11,040円～	
45日前	9,890円～		11,140円～	
28日前	9,990円～		11,240円～	
21日前	11,890円～		13,140円～	
前日	13,190円～		14,440円～	

※掲載の飛行機運賃はH27.10/25～H28.3/26のものです。
※ご利用日、ご利用便により異なる。
〈東海道新幹線利用との比較〉

▶北陸エアターミナルと福井県が作成したパンフレット「小松空港発着×福井発空の旅」。上記のような比較データのほか、ターミナル情報も掲載。

かる。航空会社も新幹線料金を意識して価格を引下げ。「新幹線よりも安くて、便利」とのうたい文句で、西川一誠知事以下、県議会、商工会議所、地元企業など積極的に働きかけている。同県嶺北地域の関東、東北、九州方面への旅客流動数は年間約67万3000人と試算されている。この数字を着実に取り込むことが急務とされた。

　第三の戦略として、乗り継ぎ便の充実も挙げられよう。2016年度上期の乗り継ぎ便利用客は5万2000人。例えば、これまで、北陸から九州や四国に行く場合、大阪までいったんJRで出て、大阪伊丹空港を経由して向かうルートが一般的だったという。だが羽田の発着枠が増えたこともあり、小松空港から羽田経由で九州や四国に行くことが可能になった。値段もこれまでの設定では、小松・羽田間と羽田・四国や九州までの料金を足した金額を支払わなければならなかったが、7割ほど安くなるケースや場合によっては乗り継ぎ便の方が安くなるケースも出てきた。

　こうなると、JRとの競合ばかりではなく、直行便との競合も起こってくる。実際、利用者のアンケート調査を見ると、乗り継ぎ便は札幌や沖縄便が多かったと言う。小松・札幌、小松・那覇は直行便もあるが、1日1便しかない。むしろ、羽田まで出てしまえば、選択肢は多岐にわたり、利便性はぐっと高まる。したがって、羽田をハブにして利用者にとって融通性の利くプランが提案されるケースが増えた。例えば、北陸では冬場ゴルフができないため、ゴルフをする顧客には沖縄便、特に羽田経由の乗り継ぎ便がよく提案された。小松・那覇の直行便は、所要時間3時間半で那覇に到着するのは夜になってしまうが、羽田経由だと朝早く出れば、その日の午後にゴルフをすることも可能になったからだ。

新幹線と組み合わせた国際線利用増が今後のポイント

　今後の展開として、北陸エアターミナルビルでは、国際線の充実も視

野に入れる。小松空港の国際線は、ソウル便が週3便、上海便が週4便、台北便が週7便で、合計週14便就航している。今春からは、香港インバウンドのチャーター便も就航を開始した。

2016年度の国際線利用実績は、17万8000人で、対前年比103.3パーセントと堅調な伸びを示している。利用客の半数以上は外国人観光客で、インバウンド需要を着実に取り込んでいる。

こうした実績が高く評価され、小松空港は、2017年度から国土交通省が進める「訪日誘客支援空港」にも認定された。同制度は、地方空港に外国人観光客を戦略的に誘致するためのもので、国際線着陸料の3分の1が国から最大3年間補助される。

認定制度を最大限生かし、同社はさらに積極的に路線誘致や利用拡大に取り組む方針を明らかにし、次なるターゲットとして、香港・タイを見据える。既に、香港、タイに運行するアジア系LCCなどいくつかのエアラインへも乗り入れに積極的に打診している。

○地方空港へのLCC等の国際線の就航を強力に推進するため、高いレベルの誘客・就航促進の取組を行う地方空港を「訪日誘客支援空港」と認定した上で、国管理、地方管理空港等における着陸料の割引／補助、グランドハンドリング経費等の支援を行い、新規就航・増便を促進します。
○また、増大する航空旅客を受け入れる際のボトルネック解消のため、CIQ施設の整備やボーディングブリッジの設置等への支援により受入環境の高度化を図ります。

「訪日誘客支援空港」の認定 ※羽田、福岡、新千歳を除く国管理、地方管理、コンセッション空港が申請対象

地域による2020年までの誘客・就航促進計画： ①目標、②取組（セールス、海外PR、受入環境整備等）、③体制 等

新規就航・増便の支援	空港受入環境の整備等	関係部局・省庁との連携
①国管理空港の国際線着陸料割引 ［割引率 1/2以上・3年間］ ②新規就航等経費支援 ・チケットカウンター設置・使用料等 ・グラハン、デアイシング経費等 ［1/3補助・3年間］ ③コンセッション/地方管理空港の国際線着陸料補助 ［着陸料本則の1/3補助・3年間］ ⇒認定空港にて実施 ⇒支援は新規就航・増便のみ対象 ⇒地域の同規模・同期間支援と協調	①航空旅客の受入環境高度化 ・空港ビル会社等による出入国容量拡大等に資する施設の整備 （待合スペース、バゲージハンドリングシステム、ボーディングブリッジ、ランプバス、交通アクセス施設等） ［1/3補助］ ⇒認定空港を優先的取扱 ②CIQ施設の整備 ・空港ビル会社等によるCIQ施設の整備 ［1/2補助］ ⇒認定空港にて実施	①訪日外国人の受入対応　　［観光庁］ ・WIFI環境整備、多言語化、移動円滑化の経費 ［1/3補助］ ②海外PR等支援［観光庁］ JNTO（日本政府観光局）による ・エアポートセールス相談 ・専門商談会等への優先案内 ・海外におけるPR支援 ③CIQ体制の充実［法務省等］ ・CIQ関係省庁の物的・人的体制整備との協調

〈地方空港におけるLCC等の国際線就航加速パッケージ〉

香港では、兼六園の人気が高く、加賀温泉の利用も多かったが、最近では、富山・立山連峰への玄関口になるケースや福井・恐竜博物館の人気も高まり、広域観光の機運が高まっている。このため、空港内ロビーには等身大の恐竜のフィギュアが

ロビー内の恐竜フィギュア。

設置。石川県議会と福井県議会とが共同で香港方面へのプロモーションも行われる予定だ。

　一方、タイは、中間所得者層の所得水準が年々増え、今後のインバウンド需要の増大が期待できると見込む。また、北陸地域を代表する企業、小松製作所の工場も立地されており、日本からのビジネス客が確保できるメリットがある。

　地方空港にとって国際路線は、エアラインがビジネスとして成り立つのかが路線維持の大きなポイントだ。このため、空港から出国するアウトバウンドの確保が重要な戦略になる。就航するエアラインにとっても、一般的にアウトバウンドの方が客単価も高い場合が多い。アウトバウンド需要を促進するため、石川・福井両県では、団体で小松空港国際線を利用した場合、1団体あたり10万円（1人当たり5000円を上限）までの補助金も出しているほどだ。言い換えれば、これまで開拓された路線は、石川・福井両県に本社を置く地元企業のビジネス需要が確実に見込めるという視点で設定されてきた。企業にとっても、小松空港を利用できれば、費用面、時間面でのコストが抑えられるメリットがある。

　アウトバウンドの新たなターゲットとして、石川県では、長野県や新潟県南部の利用客開拓も見込む。例えば、長野からだと、羽田・成田の首都圏空港までの所要時間は、新幹線を利用しても2時間強かかる。一

方、小松空港の場合は、新幹線で1時間程度の移動で済む。ソウル・上海・台湾便であれば、新幹線を活用すると十分競争できるとしている。

　国内路線の場合には、新幹線と競合するが、国際路線は、新幹線との共存を視野に置ける。人口ベースで見ると、石川・福井両県に富山県をプラスしても約300万人圏域だが、長野・新潟県南部まで視野に入れると800万人圏域がマーケットとして位置付けられる。地方にとって、空港と新幹線、高速道路などの交通インフラを両立させ共存させていくことは地域振興上、大きな課題だったが、外国人観光客の増大によって、地方の交通モードの課題が解決できる可能性が開かれたとも言える。

期待される小松ブランドの商品開発

　北陸エアターミナルビルの業務を見ると、大きな特長として、国際貨物業務が挙げられよう。アウトバウンドとして人の移動とともに、地元企業に対するモノの運搬に一役買えれば、空港としての地歩固めにも役立つことになる。

　同社は、1994年にルクセンブルグ・カーゴルックス貨物航空を誘致。以来、国内唯一の欧州貨物定期便が週3便就航している。2002年には新国際貨物ターミナルや冷蔵倉庫の整備、10トンフォークリフトの導入などグランドハンドリング施設も増強、顧客の利便性が大幅に向上した。2016年、アゼルバイジャンのシルクウェイウエスト貨物航空（週2便）の誘致に成功。16年の利用実績は、1万6402トンで対前年度比36.6％増加し、国内第7位の位置につけた。まさに地方空港としては珍しい国際貨物空港の地歩を着々と固めている。

　国際貨物業務を円滑に行うには、できるだけコストを抑えていくことが肝要だ。コスト削減には、より多くの航空会社を誘致し、既存路線の増便を狙うのが課題になる。何より同社のさらなる企業努力が求められ

るが、国でもこうした地方空港の独自サービスを維持していくための施策が必要だろう。

　このほか、空港収入の骨子として、お土産や空港内レストランなど物販業務が大きな役割を占めている。だが、大半の地方空港では、二次交通となるバスのダイヤがエアライン離発着30分前後になるように組まれている。必然的に利用客が空港に滞在する時間は限られてくる。小松空港でも同様で、限られた時間内で、いかに効率的に売り上げるかが売り上げ増の要諦になる。

　北陸エアターミナルの営業ポリシーは、顧客志向を正確につかみ、顧客に寄り添うことだ。実際、こうした姿勢で顧客に接すると、顧客ニーズがかなり明確な姿でつかめてくると言う。たとえ他地域の商品であっても、「売れるものを売る」姿勢が徹底されている。

　例えば国際線ターミナルに設置されている両替機も、サービス向上を願う顧客ニーズから生まれた。以前は、国際線発着の時間帯だけ銀行が営業し、土・日曜日は総合案内所で同社職員が細々と両替サービスも行っていたが、「いつでも手軽に利用できる両替機にして欲しい」との声が高まった。今では、「小松空港に行けば両替機がある」と外国人観光客の間で評判になっているそうだ。

　今後の課題として浮き彫りになるのは、小松ブランドの商品開発になるだろう。かつてエアラインの客室常務員の間で、同空港の「栗蒸し羊かん」が評判になり、今では全国区で通用している。「小松ブランドが開発されれば、海外でプロモーションする時も非常に有利になる」と、納品業者サイドの積極的な提案に期待を込める。外国人観光客の嗜好に合った小松ブランドの開発が早急に望まれる。

企業の取り組み

- **ANA** 190
  「インバウンド」と「第三国需要」を拡大
- **日本電信電話株式会社（NTT）** 198
  先端ICT技術で空港をユニバーサルデザイン化
- **日本電気株式会社（NEC）** 206
  世界一の「顔認証技術」が切り開くスマートエアポート構想
- **日本ユニシス株式会社** 214
  空港運営のグローバルスタンダードをもたらすICTソリューション
- **三菱重工業株式会社** 222
  バリアフリー搭乗橋の普及で乗客の安全と快適性を確保
- **Peach Aviation株式会社** 230
  「圧倒的」コンセプトで、日本のLCCを牽引

企業の取り組み
ANA

「インバウンド」と「第三国需要」を拡大
――日本唯一の五つ星エアライン

　戦後、2機のヘリコプターから事業を始めた全日本空輸株式会社（ANA）は、現在、国内外で約250機の航空機を運航する、日本を代表する航空会社だ。2013年のANAのグループ体制再編後は、ANAホールディングスの中核会社として、グループ企業のバニラ・エアやPeach Aviation（ピーチ）などとともに、国内外90都市以上を結び、年間5000万人以上の旅客を運ぶ。イギリスの格付け会社が発表するワールド・エアライン・レーティングでは、日本で唯一、最高位の五つ星を、5年連続で獲得し、その良質なサービスは世界から高く評価されている。

国際旅客を国内路線に　乗り継ぎ割引運賃の導入

　昨今の訪日外国人の増加に大きく貢献してきた同社では、今後、国際線で来日した観光客を、いかに国内線利用客にしていくかを課題に挙げる。
　同社が運んだ国際線における訪日旅客は、2015年度の旅客数ベースで前年比150％程度と大幅増。その翌年にあたる2016年度も、さらに前年比110％を上回るなど、爆買いや円安による割安感が増加を後押しした形だが、今もなお、訪日観光客は堅調に伸びている。
　一方、国内線では、人口減や鉄道（新幹線）、高速バスなどとの競合で乗客数は伸び悩む。それを浮上させる大きなポイントが、海外客に国内線を利用してもらうことだ。

海外ではクリスマスホリデーから中華圏の春節、欧米系のイースターなど12月から4月にかけても休暇を取ることが多い。4月は桜の時期であり、タイでは長期休暇があるため、訪日外国人がピークを迎えるシーズンで、日本の盆・正月とずれていることも好都合と言える。

スカイトラックス社のワールド・エアライン・レーティングでは五つ星を獲得。

こうした需要の取り込みのために同社では戦略的な運賃を導入。既に国際線単独でも、各国の休暇シーズンに合わせ、ピークとオフで差をつけるきめ細かな運賃を設定している。加えて国際線と国内線のセット販売で、より競争力の高い価格で販売を実施している。このセット割は、ANAが加盟する「スターアライアンス」グループでも適用され、例えばドイツ・ルフトハンザ航空便で来日し、ANA便で沖縄に行く場合、両路線をセット購入することで安く搭乗可能だ。

また、国内線単独路線でも、日本国外居住者に向けた特別運賃「ANA Experience JAPAN Fare」、「ANA Discover JAPAN Fare」を導入。

Company Profile

所 在 地 ▶ 〒105-7140　東京都港区東新橋1-5-2 汐留シティセンター
（本社）　　TEL：03-6735-1001（代）
代 表 者 ▶ 代表取締役社長　平子裕志
発　　足 ▶ 2012年4月2日
資 本 金 ▶ 250億円
従業員数 ▶ 1万3518名（2017年3月31日現在）

「ANA Experience JAPAN Fare」。1万800円で国内線に乗れる。

「ANA Experience JAPAN Fare」は、ANAのウェブサイトのみで販売されており、日本全国主要路線が一律1万800円、北海道内路線は5400円で利用できる。「ANA Discover JAPAN Fare」は、日本国外のANA支店や旅行会社で、日本国内路線が特別運賃で購入できる。

海外販売については、スターアライアンスのパートナーを通じたアプローチや、スポーツ大会、映画などへの協賛を通じたプロモーションも強化している。

日本経由でアメリカへ　アジアからの第三国需要を狙う

国内線利用とともに、ANAが力を入れているのが、「三国間需要」の増進だ。三国間需要とは、他国から日本で乗り継いで別の国へと向かう

需要のこと。同社では、2016年にニューヨーク、シカゴを新規開設し、2017年10月にはロサンゼルスを増便する。

一方、アジア路線ではホーチミン（ベトナム）、ジャカルタ（インドネシア）も同様に増便し、かつベトナム航空と業務提携してホーチミン、ハノイ、ダナンで共同運航も始めている。ANAでは、成田・羽田両空港からアジア・オセアニア25都市、北米11都市に就航している。例えば、バンコク（タイ）やクアラルンプール（マレーシア）から成田に15時頃に到着、夕方発のロサンゼルス便に乗り継ぐことができるなど、待ち時間なく搭乗できる路線ダイヤも組まれている。

ANA便では、すべての欧米路線、一部アジア路線ではビジネスクラスシートのフルフラット化とプレミアムエコノミーサービスが導入されている。機内Wi-Fiサービスなどエンターテインメントも拡充し、国際線利用客のニーズに対応している。今後、北京や上海、香港、韓国の仁川

ANAのイメージカラーはトリトンブルー。旅の安全を願って、海神トリトンにあやかったものという。

企業の取り組み

ANAの日本プロモーションサイト「IS JAPAN COOL?」より。「DOU（道）」（上）では、柔道の達人として井上康生氏も登場。

空港との競合も見込まれるが、サービスの強化でこうした需要を獲得していく狙いだ。

北海道、沖縄以外にも　純粋な地方の魅力を発掘

　近年、海外からの観光客の利用が多い空港は、東京（羽田・成田）、大阪（伊丹、関空）、そして新千歳空港と那覇空港の4エリア6空港となっている。大阪は、東京からゴールデンルートを観光後、東京に戻る需要が多い。那覇はリゾート、そして北海道は雪の降らないアジア諸国から人気がある。新千歳空港は利用規制の緩和後、海外直行便も増えている。

　ANAでは羽田空港を拠点として上記の人気のエリアにも多くの観光客を届けている。アジアでも直行便のない地域や、欧・米・豪からの観

光客は成田・羽田経由で北海道・沖縄に行く。欧州や豪州では北海道でのスキー人気が高まっており、ハブ空港でのスムーズな乗り換えは、こうした需要を喚起していくだろう。

ANAグループでは、ツアーや旅行商品の開発・販売、免税品販売や越境eコマースの推進など、訪日旅客の出発から滞在、帰国後に至るまでサポートしている。中でも、まずは日本各地方の魅力を外国人に知ってもらうことが重要という。

2012年2月から公開されている「IS JAPAN COOL?」(https://www.ana-cooljapan.com/)は、動画を中心に日本独特のカルチャーやライフスタイルを紹介するウェブサイト。トラディショナルな日本文化だけでなく、何気ない日常の中のクールジャパンにも焦点を当て、外国人の関心を集めたのみならず、国内でも日本の良さを再発見できると大きな話題となった。

同サイトでは、「MATSURI（祭り）」「WASHOKU（和食）」「KAWAII（カワイイ）」「COSPLAY（コスプレ）」「RAMEN（ラーメン）」といった切り口に加え、「TOKYO」「KYOTO」「OKINAWA」といった地域にもフィーチャーしている。8月23日に新しく「DOU（道）」も加わり、一つの分野を極めた日本が誇る9名の達人を迫力のある映像とともに紹介している。ぜひ実際に「IS JAPAN COOL?」サイトからご覧いただきたい。

また、外国で得られる日本の観光情報は、概ね東京、富士山、京都。少し足を延ばして広島を回る程度で、いわゆる観光ゴールデンルート以外の魅力は十分に伝わっていないことが多い。「この景色が見たい」、「この温泉に入りたい」という情報が増えることで、飛行機に乗って日本国内を回りたいと考える観光客が増えると見込む。そこで同社は2015年から、七つの「広域観光周遊ルート」を中心とした地方の魅力や観光に必要な情報をシームレスに発信するウェブサイト『ANA EXPERIENCE JAPAN』(http://www.ana-exjapan.com/)を英語、中国語（繁体・簡体）

で運用。サイトでは、テーマ性やストーリー性のある観光情報や地域の魅力あふれるレストラン、現地体験ツアーなどの紹介も行っている。地方自治体やサービス事業者、地域産業に対して参画を募り、一元的に情報発信を行っている。また、サイトを通じてお土産などの取り置き予約をすることができ、サイトを見て楽しみにやってきた外国人が、品切れなどでがっかりすることもない。

広域地域連携でデスティネーション開発を

　地方の魅力を発掘するには、地方自治体や地元企業との連携も重要だ。ANAでは日本全国の自治体と連携する中で、自治体同士の枠を超えて魅力を伝えることが大切との考えに至ったという。

　例えばオールシーズンのリゾートとして人気のある岩手県の安比高原は、同じ岩手のいわて花巻空港以外にも、秋田県の大館能代空港からも便利にアクセスできる。実際に、大館能代からANA便の離発着に合わせてスキーバスを走らせる計画もあるそうだが、自治体の枠を超えて地域の観光資源を盛り上げていくことで、地域全体を盛り上げることにつながる。

　海外観光客が、日本のどこか一県だけを観光するケースは少ない。例えば東北全域で、南九州で、広域連携することができれば、より海外観光客にアピールすることができるだろう。もちろん

新宿にオープンした市中免税店。

その時、空港は地域観光の核となるはずだ。ANAでは各地DMOなども含め、観光客目線の連携を進めたいという。

　2020年東京オリンピック・パラリンピックに向けて、さらに日本への注目が集まる中、日本全体の魅力を発信するために共通ビジュアルやデスティネーション開発が重要になってくる。ANAでは観光庁やJNTO（日本政府観光局）、他の航空会社、鉄道会社などと協力して、関心を地方へと広げていきたいという。

　さらに、同社は他業種との提携にも積極的だ。2016年にはグループの全日空商事とともに総合免税店「ラオックス」と提携し、主に中国からの観光客に対するビジネスを進めている。また、全日空商事では「髙島屋」と「ホテル新羅」と空港型市中免税店を運営する合弁会社を設立し、東京・新宿のタカシマヤ タイムズスクエア内に免税店をオープンした。また、全国の空港売店などでは決済システムの多様化を目指す。中国からの観光客の決済方法は、銀聯カードから、「アリペイ」や「ウィチャットペイ」というスマートフォンを利用したオンライン決済が主流になりつつある。全日空商事では、決済会社と合弁会社をつくり、新しい決済システムにも対応していく。

　一方、航空会社としては、インバウンドだけでなくアウトバウンドもまだまだ増やしていく方針だ。例えば、台湾からのインバウンドは急増しているが、比べて日本から台湾への旅行者はインバウンドほど増えていない。アウトバウンド施策も必要になってくるだろう。同社では、既に定着したLCCマーケットにおいても、グループ会社のバニラ・エアやピーチなどともグループ横断的に戦略を進め、近隣アジア諸国へのリゾート路線の強化や、訪日需要が多い各都市への新規就航も検討している。

企業の取り組み

日本電信電話株式会社（NTT）

先端ICT技術で空港をユニバーサルデザイン化

　空港は日本の玄関口であり、言語をはじめ、文化や習慣の異なる人々が快適に、便利に利用できるようさまざまな配慮やサービスは欠かせない。近年、訪日外国人が急増する中、案内サインやサービスメニューなど、数々の情報の多言語・多文化対応、つまり空港のユニバーサル化は喫緊の課題となっている。

　2020年の東京オリンピック・パラリンピック開催を控え、日本電信電話株式会社（NTT）では同社のAI技術「corevo（コレボ）®」を用いた先端ICTを活用し、「情報ユニバーサルデザイン高度化」実証実験を東京国際空港ターミナル株式会社と共同で、羽田空港国際線旅客ターミナルを舞台に進めている。

スマホカメラによる多言語情報提供「かざして案内」

　2010年に供用された羽田空港国際線ターミナルは、設計段階からユニバーサルデザインが導入され、バリアフリーは高度な水準にあり、現在もたゆまぬブラッシュアップが行われている。しかし優れたデザインも、利用者にその存在を知られなければ活用してはもらえない。

　例えば視聴覚が不自由な方や高齢者、ベビーカーを押す方が移動するための最適な動線を、彼らに分かりやすく伝えるにはどうすればいいのか。また、文化背景の異なる外国人に対してはどうか——。特に近年のインバウンド増による多言語対応や混雑緩和は既設のハード、ソフトだけでは十分に対応できていない部分もある。こうした状況を踏まえ、

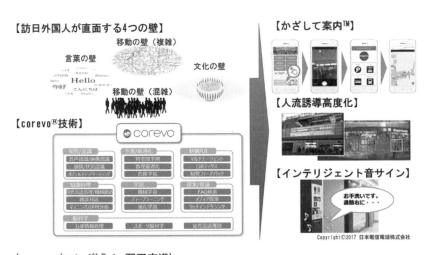

〈corevo(コレボ)® for羽田空港〉
コレボ活用で、空港利用客(特に訪日外国人)の困りごと(※「言葉の壁」、「移動の壁(複雑・混雑)」、「文化の壁」)を解決していく。

　NTTでは「音」「光」「画像」「無線」などによる最先端情報技術を用いて、この課題を解決しようとしている。

　実証実験が行われている技術の一つが「かざして案内」だ。これは、スマートフォンを用いた空港館内移動のナビゲーションと空港内飲食店メニュー情報の提供システム。その最たる特徴の一つとして挙げられるのが、アプリなどのインストールが不要であること。空港のFree Wi-Fiにアクセスすると空港のホームページが起動し、フライト情報、交通情報、館内マップなどとともに、新たに機能追加された「かざして案内」

Company Profile

所 在 地▶〒100-8116　東京都千代田区大手町一丁目5番1号
　(本社)　　　　　　　大手町ファーストスクエア イーストタワー
　　　　　　TEL：03-6838-5111(代)
代 表 者▶代表取締役社長　鵜浦博夫
発　　足▶1985年4月1日
資 本 金▶9380億円(2017年3月31日現在)
従業員数▶27万4850名(2017年3月31日現在※連結ベース)

が表示される（日中韓英4カ国語対応）。

　これをタッチすると、カメラアプリが起動。空港内にある約200枚の案内サインにかざすだけで、そのサインの示す案内ルート（通常ルートに加えバリアフリールートも）や、今いる場所とターミナル全体をひと目で把握できる立体地図が手元のスマートフォンに表示される。利用者が案内アプリをインストールすることなく、通過地点で必要な情報を得られる簡便さは画期的だ。表示される立体地図は、国土交通省の高精度測位社会プロジェクトの成果を活用して新たに作成された階層別屋内地図をもとに、NTTの「2.5D地図表現技術」を用いて実現されている。また特筆すべきはその画像認識能力の高さだ。案内サインは天井に吊るされていたり、人だかりで遮蔽されたりしていることもある。そのような状態でカメラをかざしても、正確に認識できる能力を「かざして案内」は持っている。NTTが「アングルフリー物体検索」と呼ぶこの技術によって、1物体あたり100枚ほどの複数構図画像が必要だった画像認識が、従来の10分の1程度の画像でも認識・検索可能になった。

■これまでの経緯と今後（ロードマップ）

〈かざして案内〉
看板や建物、商品にスマートフォンをかざすだけで移動案内や商品の詳細情報など有用な情報を多言語で表示する。

実証実験では、実際に外国人空港利用者に利用してもらい、スマートフォンをかざす動作や対象となる案内サインがどのように撮影されるのかなどをデータ化しており、今後は、現在日本人の典型的な動作をベースに設計されている「かざして案内」を、文化背景の異なる外国人の動作にも対応させていく予定である。

空港管理者の視点で見ると、画像認識を用いれば、既存の設備を改修工事しなくてもよいため低コストでよりよい案内サービスが提供できることも利点だ。案内サインに変更があった場合でも、新しくサインの写真を撮り直すだけで済むため、メンテナンスコストが大幅に抑えられる。

「かざして案内」起動後、検索結果からさまざまなコンテンツにアクセスできる。
上／羽田空港国際線ターミナル公式HPコンテンツ。
上右／2.5D地図表示。
右／料理の情報。

「かざして案内」が使えるのは案内サインだけではない。羽田空港国際線ターミナル内にある人気の焼肉店では、メニューに「かざして案内」をかざすと、イラストを使って肉の部位を確認したり、おいしい食べ方、同じ国の出身者による実食レポートなども見たりできる。現在はまだ特定飲食店のメニューに限られているが、2017年末には全レストランのメニューや、空港内の広告ポスターなどにかざせばその場所の観光案内が取得できるような仕掛けにもサービスを拡大していく予定だ。実装が進めば、お土産店の商品紹介などさまざまな展開が期待できる。

画像分析で混雑緩和　省スペースの「人流誘導サイン」

　インバウンドの増加によって、各空港内では混雑の発生頻度が高まっている。特に到着ロビーや保安検査場は人が滞留しやすく、混雑が発生しやすいポイントだ。NTTでは、ビッグデータ解析技術を用いた動的サイン（プロジェクターやデジタルサイネージ）による誘導も行っている。

　これは、前述したような人が滞留しやすい場所で、最適な表現で動的な案内サインを提供して混雑の解消を図り、同時に従来はアナウンスなどの音声案内で行っていた情報を視覚的情報にすることで、聴覚障害者や高齢者などに対してよりよい情報の提供方法を検討するものだ。

　具体策の一つとして行われているのが、保安検査場のある羽田空港国際線ターミナル3階の壁面に、プロジェクターによって、2カ所ある保安検査場の混雑状況を投影。どちらか一方に利用客が集中することを防ぐように誘導することで混雑の平準化を図っている。

　投影されるのは、黒地に白色、黄色など、プロジェクター投影特有の視認性に対応した認知しやすい配色が施されたイラスト。2台のプロジェクターから投影することで投影面を広くする工夫もされている。実証実験では、100名超の外国人と日本人に、誘目性、視認性、理解性、行動変容性などのヒアリングを行ったところ、実写映像よりも少しアニメーションのある静的なイラストレーションが多くの人にとって情報を認識しやすいという結果が得られたという。

　今後は、出発便の行く先などに合わせて表示言語の提示時間を自動的に調整したり、日光の差す位置などを自動的に判断して投影する位置を変える仕組みの導入も検討されている。

　日本の空港は、海外の空港に比べて手狭だと言われているが、このような形で新たな物理的サインを導入せずに効果が期待できるのは大きな

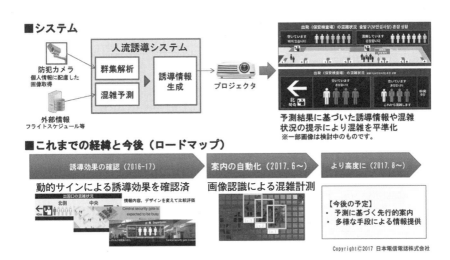

〈人流誘導高度化〉
カメラ画像から保安検査場入口の混雑状況を計測し、より空いている入口を分かりやすいイメージで案内表示。また、フライトスケジュールなどの外部情報を活用して混雑予測情報を提供し、混雑の平準化を目指す。

メリットと言える。

　また、投影する混雑状況の把握の仕方にも先端の技術が用いられている。従来、このような混雑状況は、決まった時間ごとに職員が現場を目視で行列人数をカウントしていた。今回のシステムでは、保安検査場周辺の出発ロビーをカメラで撮影、人の多さや、行列特有の動きに基づく行列判定アルゴリズムにより行列の長さを計測する。本アルゴリズムは外光で生じる影の影響を受けず高精度に計測でき、プライバシーに配慮し、個人識別を行わない特徴も持つ。

　今後は、こうした日々の計測データをビッグデータとして分析し、待ち行列の人数推移をモデル化、フライトスケジュールなど混雑の背景にある要因も加味して人数予測を行っていくことも予定している。20〜30分後の混雑状況が予測できれば、例えば数十分後、今より混雑していることが予測される場合は、予定を早めて混雑する前に保安検査場に並ぶ判断も可能になる。混雑した行列に並ぶことに消費される時間を、食事

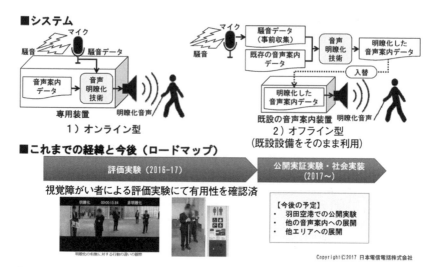

〈インテリジェント音サイン〉
発話内容を保ちながら、騒音の特性に応じて音声の音色を変化させる「音声明瞭化技術」を用いて、さまざまな音が混じる騒音下でも聞き取りやすい音声案内を実現。

をとったり、土産物を買ったりといった、利用者が自由に消費できる時間に変えることができる。いわば、"時間の自由"を利用者に提供できると言える。

"聞き取りやすさ"を向上「インテリジェント音サイン」

多くの人が行き交う空港――。発着を告げるアナウンスや、人々の話し声、カートなどの車輪音。高低、大小さまざまな音が飛び交う中で、既存の音声案内装置が常に十分に機能しているとは言い難い。NTTでは、この音声案内でも新たな取り組みを進めている。

今回の実証実験で実施されているのはトイレの音声案内。「お手洗いです。通路右は男性用……」という視覚障がい者へのアナウンスは、さまざまな施設で導入されているが、ボリュームを大きくするのではなく、騒音の中でも聞き取りやすい音声案内を目指して実験を行っている。

NTTの「インテリジェント音サイン」は、同社の「音声明瞭化技術」が用いられており、話している内容を保ちながら、周囲の騒音に応じて音声の音色を変化させることで、うるさい場所でもはっきりと聞き取りやすい案内音声を提供できることに特徴がある。将来的には、アクセスポイントやビーコン、スマートフォンなどとの連携により、トイレやエスカレーターなど音声案内が必要な人がその場所に近づいた時だけ、その人の選択した言語に応じた音声案内を提供できることを目指している。

　羽田空港での数々の実証実験は、2018年3月頃まで行われる予定だ。

世界初の技術で来日客の動線全てをサポート

　実証実験後、こうした技術は社会実装のステージに入る。もちろん2020年東京オリンピック・パラリンピック大会は一つの大きなマイルストーンだ。

　NTTでは、今回の実験に当たり、世界各地の空港を視察したそうだが、「かざして案内」のようなアプリ不要の案内システムや、行列から混雑を予想するシステムも日本独自のもの、つまり世界初の試みとなる。東京オリ・パラは、ICTを用いたユニバーサルデザインの最先端を世界に見せる絶好の機会、さしずめ空港は絶好のショールームになるだろう。

　NTTでは前述の技術が、まずは各地の空港へと展開されることを期待する。そして、同様の技術は駅やスタジアムなどでも導入が可能。日本を訪れる外国人の動線を全てサポートしていくことができる。そのためには、国をあげた標準的な取り組みや、各空港をはじめ、国土交通省や自治体のサポートも欠かせない。利用者目線でも、スマートフォンをかざすだけで欲しい情報が得られる、きわめて利便性の高いこの技術の普及を願うところだ。

企業の取り組み

日本電気株式会社（NEC）

世界一の「顔認証技術」が切り開くスマートエアポート構想

　2016年の訪日外国人観光客数（推計値）は前年比21.8％増の2403万9000人となり、政府が掲げる2020年にインバウンド4000万人の目標は着実に達成されつつある。

　しかし、目下懸念されているのは受け入れる空港のキャパシティ問題だ。急増するインバウンドに対し、各空港のCIQ（customs／税関、immigration／出入国審査、quarantine／検疫）機能は悲鳴を上げ、特に出入国審査の混雑は観光客にとっても大きなストレスとなっている。

　各空港では、CIQ設備を増強したり、人員を増やすなどして対応に当たっているが、今後利用客が増え続ける中、その対応にも近く限界が訪れるだろう。そこで、大きな期待がかかるのがICTの導入。日本電気（NEC）では、世界最高の「顔認証技術」で、空港キャパシティ問題にソリューションを提供している。

「迅速」と「厳密」を同時に実現するNECの「顔認証技術」

　NECは、公共業務基盤やマイナンバー対応といった多岐にわたる社会インフラをICT技術で支えてきた実績がある。また、空港においてもレーダー、計器着陸装置など通信・航法・監視分野や、スポット管理、運行情報管理など航空交通管理分野、さらにFIDS（空港向け表示システム）、サイネージ、商業施設管理（POS等）、セキュリティ（監視カメラ等）、FASTなど空港ICTの分野で、50年以上、国内外の航空交通インフ

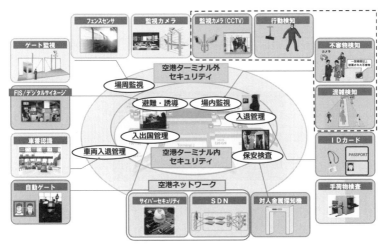

空港の安心・安全を守るNECのICTソリューション。

ラシステムを構築してきた。

　その強みをさらに発展させていく技術の代表格が「顔認証技術」だ。

　顔認証技術は、映像や画像の中から人を判断する技術で、画像中から顔を検出し、目、鼻、口など顔の特徴的なポイントを見つけ、その特徴点から「誰か」を判定するという高度な分析を要する。顔の元データも不要で、ある一つのカメラで捉えられた人物が別のカメラに映っていれば認識が可能となる。その識別スピードは160万人を0.3秒という驚くべき速度だ。同社の技術は、世界的権威のある米国国立標準技術研究所（NIST）が実施した性能評価で、多人種の顔認証、低画質画像といった

Company Profile

所 在 地 ▶	〒105-0014　東京都港区芝五丁目7番1号
（本社）	TEL：03-3454-1111（代）
代 表 者 ▶	会長　遠藤信博／執行役員社長 兼 CEO　新野　隆／執行役員常務 兼 CFO　川島　勇
発　　足 ▶	1899年7月17日
資 本 金 ▶	3972億円（2017年3月末現在）
従業員数 ▶	単独　2万1444名／連結　10万7729名（2017年3月末現在）

条件でも92.1％の高い認証率を実現。最新の評価テストでは、静止した顔認証よりも格段に高度な技術が必要となる動画での照合精度認識技術でも圧倒的な精度で世界第1位を獲得している。

NECでは既にオーストラリアの政府機関に生体認証システムを提供し、米国の主要空港にも入国審査用の顔認証システムを納入。国内空港における厳しい環境での実証実験でも認証率81.8％の実績を上げた。既設の監視カメラを利用できるため、導入コストが抑えられる点も特筆したい。

この技術を用いれば、空港においてさまざまなソリューションが可能となる。その一つが、国際的に推進されている「FAST（Fully Automated Seamless Travel）」だ。これはチケット発券から出入国管理、税関を含めた旅客フローを継ぎ目なく、かつセキュアでスムーズな手続きと誘導を行う構想で、国際航空運送協会（IATA）が提唱し、ACI（国際空港協議会）等と協調して推進している。

NECでは同社の世界トップレベルの生体認証技術を備えたシームレスゲート「NEC E-Gate」「NEC Self Boarding Gate」を海外拠点で製品開発している。出国管理と入国管理のプロセスが、生体認証技術を用いたゲートによってほぼ半分の時間で可能となった。空港ではないが、日本でもユニバーサル・スタジオ・ジャパンで同社のゲートシステムが導入されており、顔認証によって、年間パス購入者の認証が約1秒で完了。入場待ち時間は最大数十分に削減でき、USJの入場に関わる経費を30％も削減できたそうだ。本来、審査を「迅速に」行うことと「厳密に」行うことは、相反するものだが、NECはそれを同時に実現可能にしたと言える。

群衆行動を予測し、混雑解消に導く

空港における待ち時間計測システムにも顔認証が応用できる。

入口と出口に設置されたカメラで、特定人物の顔を照合し、合致した人物の入りと出の時間差を求めると、通過にかかった実測時間を算出できる。例えば、X氏がA地点を8時に通過し、B地点を8時30分に通過、一方Y氏は同地点間を10時から11時までの1時間をかけて通過したとすれば、AB地点間は8時より10時ごろの方が混雑していると分かる。

　カメラ映像からその場にいる群衆の分析も可能となる。まず、映像から人間の顔を検出し、その性別や年齢層を推定して表示。リアルタイムに数値データ化し、時間帯や年齢層、性別でグラフ化することで視覚的に各種分析ができる。空港を訪れる人の属性を可視化することで、レストランや土産店の営業戦略に資する情報を提供でき、空港内広告の効果測定などにも役立つ。

　そしてNECの新技術「時空間データ横断プロファイリング」はさらに顔認証の可能性を広げる。この技術は、データを類似度に基づいてツリー構造で管理。下層になるほど類似したデータを集め、類似したデータを抽出する際には類似の程度によって下の層からデータを取り出すことでデータが迅速に抽出可能となる。

US-Visitプログラム。

この技術を応用すれば、カメラで特定の人物を追いかけなくても、空港内各所のカメラ映像のどこにその人物が映っているか時系列で把握し、旅客の動線を把握できる。また、例えば迷子が発生した際、迷子になる前にその子が映っていた映像を探し、隣に映っている保護者の顔を確認。その上で、保護者の顔を現在の映像から検出すれば、どこにいるのかも容易に判明するはずだ。NECでは今後この仮説のもと、検証を進めていく。

　現在、世界の空を飛行するそれぞれの航空機の動きは、管制が常に追いかけていて、離陸から着陸までどのようなルートをたどったか把握されている。もし、その航行において効率が悪いと判断されれば、管制がコントロールして日々効率の改善が積み重ねられている。しかし着陸後の人々の動きについては一人ひとりを追いかけることはできない。そのため、どこがボトルネックになって混雑が起こっているかなど正確に把握するのは困難だ。もし、それが分かれば、施設の動線、稼働の仕方を変えたり、アナウンスなどで利用者の行動を変えたりするなど対策を打つことができる。前述のような顔認証の導入が進むことで、航空機と同じように、人の動きをより正確に把握し、効率化できるはずだ。

視線の動きまで分析　ヒトとモノを認証し、事件・事故を抑止

　顔認証・画像認証で、犯罪の早期察知も可能となる。
　NECの検索支援システムでは、もし、カメラの映像に不審な放置物が映っていた場合、映像を巻き戻し、その不審物が見えなくなる時間を自動検知。つまり、誰かがその放置物を置き去りにした時点を自動で検知し、誰がその不審物を置いたのか容易に発見できる。
　さらに、世界初となる同社の群衆行動解析技術では、数百人が行きかう混雑環境での異変を検知することも可能。防犯カメラで俯瞰的に捉え

セーフティーソリューションを支える映像解析技術。

た映像の中から、異常な混雑や、集団で逃げる、取り囲み、集団滞留などの行動を読み取ることで、事件・事故やその兆しをいち早く察知することができる。

　犯罪を起こそうとする人物には共通した視線の動きがあるそうだ。例えば監視カメラをきょろきょろと探す行動など、特定の人物の視線のベクトルを図式化して、その挙動に不審な点があると検出することもできる。NECでは空港内のショップなどにおいて、万引きを未然に防ぐためにこの技術の導入を検討している。もちろん、これで100％犯罪を特定できるわけではないが、スクリーニングで可能性を高め、効率的な声掛けで犯罪を未然に防止するのが目的だ。将来的には、犯罪をする際に起こるごくわずかな貧乏ゆすりを、カメラを通して検知できるように開発を進めている。

NECのICT技術が実現　空港で世界一のサービスを提供する

　NECが目指すのは、これら画像解析、顔認証を総動員した空港ターミナル全体の強固なセキュリティと旅客エクスペリエンス向上の両立だ。

空港内に設置されている複数のカメラ映像を収集・解析することで、不審物、不審人物の検知、混雑検知など空港内の安全に寄与。混雑の予測には「NEC the WISE」と呼ばれるAIを用いて各種アルゴリズムを磨いている。成田空港や関西空港における実証実験も行っており、実装へ向けてさまざまなデータの収集が行われている。

データが積み重なるほどに、データのない部分を予測する精度も上がる。例えば、霧やもやによって映像の一部が見えない場合でも、現実に近い予測を立てて霧のかかった空白部分の映像を解析することも可能となる。空の旅は天候に左右されやすいが、見えない部分をクリアにする技術によって、より安全が高まることは間違いない。

また、得られた情報を提供する場面では、リアルタイムでAR（拡張現実）を重ね合わせる研究も進められている。将来的には、タブレットやスマホを通じてあらゆる景色にデータから得られた情報を付加して提示することができるようになり、観光案内などに役立つ。また、フライト順延や混雑状況など、現場で発生していることについて、より正確な情報を即時知ることができれば、観光客の利便性はさらに高まる。国内16空港で導入されているNECのフライト・インフォメーション・システム（GFLAIDS）では、ディスプレイだけではなく、スマホやセキュリティゲート前、チェックインカウンターなどさまざまな場所で旅客に対してフライト情報を届けることができる。

情報提供関連では、NECによる多言語対応サービスも行われており、外国人からの問い合わせを、受付担当者とNECの多言語通訳コールセンターの3者による会話で逐次通訳することが可能。コールセンターは、空港サービスにも対応できるよう、業界用語を学習するなど現場に根差したサービスの提供が可能になっている。

さらに、NECでは空港外においても「おもてなしクラウド」サービスの展開を図っている。これまで交通系ICカードのインフラを整備して

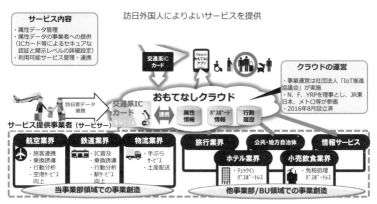

「おもてなしクラウドサービス」のイメージ。

　きたノウハウを生かし、ICカードを通じて、航空・鉄道・物流といった日本での移動サービスをサポート。収集した行動履歴からお薦めの旅行情報や宿泊、飲食情報をスマホなどに提供していく新たなサービスだ。個人情報を安心・安全に管理することは当然のこと、各業界が横断的に情報連携することで、観光客の利便性を高めていく。こうしてさまざまなサービス需要を喚起し、新たな市場が創出されることだろう。

　日本の高い空港サービスは、「おもてなし」としてそのホスピタリティを高く評価されているが、その質の高さは人的貢献に支えられているとも言われる。人口減少で労働人口が減る中、受け入れサービスの質を高めつつ、各空港のキャパシティを伸ばしていくには、ICTの導入は不可欠だ。2020年、インバウンド4000万人を目指す日本の空港は、まさにその岐路に立っていると言える。

　世界的にみても観光人口は増えつつある。セキュリティを担保しつつ、大量の利用客にストレスなく空港を利用してもらうためにも関係者によるデータ連携は欠かせない。日本がモデルケースになり、世界へとシステムが広がっていくことに期待したい。

企業の取り組み

日本ユニシス株式会社

空港運営のグローバルスタンダードをもたらすICTソリューション
―― 各種手続きの円滑化で満足度と業務効率をともに向上

空港の取り扱い能力が不足するおそれ

　政府が掲げるインバウンド4000万人を実現するにあたり懸念されるのが、急激な利用者数増加に伴う空港の取り扱い能力の不足だ。旅客のチェックインから搭乗、到着に至るまでの物的、人的キャパシティが不足し、停滞や遅滞が頻発するおそれがある。現に、2000万人を記録した2016年、既に一部の空港で荷物が取り扱いきれない、出入国手続きに時間がかかりすぎる、それによって飛行機の出発や目的地への到着が遅れるなどの、需要に対するキャパシティ不足が顕在化している。当然、旅客の満足度低下につながり、日本に対する良くない印象を与えかねない。訪日旅客数の増加はたいへん喜ばしいが、一方でそれに伴う課題もまた表出しつつあるのだ。

　とはいえ、空港自体の規模の拡張や新設は容易ではなく、人員拡充による対応も人材難採用難でままならないのが現状だ。しかも、仮に施設を拡大できるとしても、それで課題が完全に解決するわけではない。年間を通してハイシーズン同様、空港に旅客があふれるとは限らず、また一日のうち航空会社の発着希望は特定の時間に集中しがちだ。そのため、ピーク時には入国審査や手荷物預かりなどで長蛇の列が発生するものの、それを過ぎると余裕が生じる。この間施設は"遊んでいる"状態となる。ピーク時に合わせた物的・人的供給はコスト面では非効率と言

わざるを得ない。一方で、4000万人が達成される段階となるとそれでもなお追いつかなくなるという想定もある。

　従って求められる解決策はまず、既存の施設や設備でキャパシティを最大限発揮すること、ピーク時に無駄なく効率的な対応を図るための空港内状況の一元的な把握、それに基づく空港内外関係者との密な連携による業務の円滑化、などが現状における最善の対応と考えられる。各種ソリューション、サービスの提供で知られる日本ユニシスが空港の機能向上に着目したのも、まさしくこれらの課題認識に基づくものだ。

空港会社による旅客サービスの生産性向上に向けて

　同社が提供しているのは、日本にこれまでなかった「空港運営のためのITソリューション」だ。これまで国内はもちろん、海外でも米国Unisys Corporation（以下Unisys）から200以上の航空路線、100以上の国際空港、航空旅客の4分の1以上の取り扱いを支える仕組みを提供するなど、世界の航空路線の運営に大きく寄与してきた。そして今般、訪日旅客の急増という事態に直面した日本の空港業務に福音をもたらそうとしている。

　具体的にはどのようなメリットがあるのか、まず国際線旅客の出発時の流れを思い浮かべてみよう。一般的に空港ではチェックインカウンタ

Company Profile

所 在 地▶〒135-8560　東京都江東区豊洲1-1-1
（本社）　　TEL：03-5446-4111
代 表 者▶代表取締役社長　平岡昭良
設　　立▶1958年3月29日
資 本 金▶54億8317万円
従業員数▶4197名（2017年3月31日現在）
ウェブサイト▶http://www.unisys.co.jp/solution/lob/transport/airport/

一、保安検査場、出国審査と、いくつものチェックポイントがあり、それぞれで順番を待たなければならない。現場の職員にとってもチェックインと荷物の預け入れを連続して行う業務は負担が大きい。一部の空港では自動手荷物預け機の導入が始まっているが、一人で複数個あるいは家族の分をまとめて預けるといった混雑時にありがちなケースでは効率が大幅に低下してしまう。

しかし、手続きの内容をよく考えてみると、例えばチェックインは予約の確認とパスポートなどの必要書類のチェック、手荷物のタグの取り付けなどに分解でき、それらの大半は実は旅客の手もとのデータと空港・航空会社が持つデータのやり取りと照合である。データさえ交換できれば事前に自宅やホテルで手続きしておくことも可能なはずだ。システムの導入によって、その点だけでも空港の現場で省力化が実現されれば、手続きが大幅に簡素化され、旅客自身はもちろん空港関係者にとってもかなり負担が軽減される。Unisysがソリューションを導入したある海外空港では、荷物に付けるタグの印刷、取り付けまで旅客が行いカウンターでは預けるだけ、それも航空会社別でなく共通カウンターとして、旅客ターミナルが発着や旅客の手続きを扱う能力を極限まで高める運用が行われている。

実現可能となることの一例を挙げたが、同社のソリューションはこれら空港運営に関する基幹業務、すなわち「施設運用」と「旅客取り扱い」を包含し、各種業務の効率化を図りつつ空港のキャパシティを高め、もって旅客サービスの向上にも役に立つものとなっている。

〈日本の地方空港と海外の類似規模空港の比較〉

	国内A空港	海外B空港
空港面積	約110ha	約160ha
滑走路	2,000m×1	2,200m×1
運用時間	19.5時間/日	16時間/日
旅客ターミナル床面積	約10,600m²	約9,200m²
就航社数	4	9
直行便就航都市数	国内線2、国際線2	国際線37
発着数(旅客便)	約1.0万	約1.6万
利用旅客数	63万人	169万人

A空港では近年の国際線旅客増に対応するため、としてターミナルの増築を計画しているが、B空港はITソリューションを活用し、より小規模な施設を最大限に稼働させてA空港よりも多くの発着と旅客を受け入れている。　　　（数値は2015年度末時点）

空港運営を統括する各種構成システム

ソリューションを構成する各システムはおおよそ以下の通りだ。

① **施設の状況把握と運用**　AOS（Airport Operation System）

空港の運用プロセスとリソース、そのステータスを包括的に管理するシステムである。

空港とエアライン、グランドハンドラ、管制などがそれぞれ有するシステムをつなぎ、最新の各種情報と施設の運用情報を取得してデータベース（Airport Operational Database. 以下AODB）に一元化、これによって常に空港がどのような状況か即座に把握できると同時に、空港運用の各ステークホルダーに随時、情報が提供される。多くの航空機が行き交う空港では、空港とエアライン各社間の情報共有と調整が重要であるが故にそれに伴う業務量が増大しがちで、情報の一元化と関係者への迅速な提供が図られれば大幅な省力化につながる。空港会社、エアライン、管制が連絡調整の手間にとらわれずそれぞれの役割を果たすことに大きく貢献するものとしてAOSは注目を集めている。

② **旅客の空港における動向の把握と予測**　PFM（Passenger Flow Management）

空港における旅客の数や流れを把握してその瞬間のボトルネックと待ち時間の見通しを立てると同時に、データを蓄え分析して日々あるいは時間帯毎の混雑度の予測などを立て、関係者が事前の準備や機動的な対応を図る基盤となるシステムである。

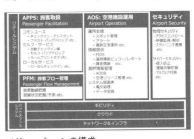

ソリューションの構成。

③ **旅客取り扱いに係る情報連携**　APPS（Airport Passenger Processing System）

チェックインや手荷物預かりなど一連の旅客手続きを改善する仕組みを統合するシステムである。

例えば前述した手荷物預りを共用カウンターやセルフ・バッグドロップで迅速に行うにはUFBDA（Unisys Fast Bag Drop Application）が、また旅客が事前に手荷物タグをプリントしておいて、空港到着後すぐ預け入れられるようにするにはHPBT（Home Printed Bag Tag）などのコンポーネントが対応する。そのほか、APPSはチェックインを扱う係員の誤操作リスクやトレーニング負荷の低減を図るチェックイン・アシスタント、チャーター便の運航に際し定期便同様の利便性が得られるようにするLCA（Local Check-in Assistant）などによって構成される。

④ **セキュリティ強化への対応**（Security Solutions）

ITソリューションは、空港のセキュリティにも映像監視、アクセスコントロール、保安検査における情報連携などで寄与する。物理セキュリティに直接関わるシステムに加え、上記AOS、PFM、APPSを活用した空港内の状況掌握、ITシステム自体への攻撃に対処するサイバーセキュリティの確保と合わせて取り組むことで、保安の確保とテロリズムの脅威への備えをより確かなものとする。

旅客の動きを掌握し、満足度向上への打ち手を

これらの各システムによって、旅客の待ち時間とカウンター業務の負担双方を減らす、繁忙期や特定時間帯の旅客の流れに的確に対応する、また遅延をはじめ航空機につきもののスケジュール変更時に、影響を最小限に抑えながら対応することなどが可能となる。現在、国内空港の多くでは大手航空会社を中心に、こちらのスポットはA社、あちらはB社といった固定的な施設の割り当てがされているという。そして、特定の便で遅延が発生すると、スポットのやり繰りで別の便にも遅れを招きがちだ。システムを活用して管制や航空会社との情報共有と連携をより緊密で高度なものとすることで、遅延や変更が発生したとき施設の空き状況

チェックインを待つ長蛇の列の隣に使われていないカウンター。空港でありがちな光景だ。

と見通しを直ちに調べ飛行機を安全に誘導しつつ、他の施設割り当てをどう動かすのが最も効率的か、といったシミュレーションと対策を行うことが可能になる。

　設備の共有化はカウンター業務にも応用できる。多くの旅客ターミナルではエアラインごとにカウンターが決まっており、あるエアラインの便の出発前にはカウンター前に長蛇の列ができる一方、隣のカウンターは無人のまま、という光景がよくある。共用化が進みつつあるものの、地方空港ではまだまだの状態だ。これを同社ソリューションの情報管理により、エアラインの別を問わずカウンターを開放できれば、旅客の列の解消に大きく寄与するだろう。

　このように、混雑の解消・改善に役立つと述べてきたが、さて混雑と一口に言っても、旅客目線で捉えたときに留意すべきは、人が多いイコール不快というわけでは必ずしもないということだ。人が多くてもそれが円滑に流れ各種手続きが滞りなく進めば旅客の不快指数はそれほど高まるものではない。問題は滞留すること、つまり次の手続きを終えるまで待たされて、無為な時間を送らざるを得ない点にある。カウンターのフル稼働や業務処理の短縮化で空港内の旅客が常に動いている、流れているという状況にもっていければ、それは混雑ではなくにぎわいとなる。旅客も手続きに時間を取られないと分かれば、免税店などでの買い物に

より多くの時間をあてられるだろう。

　必要な情報を空港会社が一元管理していれば、旅客に対してもフライトインフォメーションやアナウンスをはじめ、さまざまなかたちで、タイムリーで正確な情報の随時発信が可能となる。遅れや変更のときにありがちな、お知らせの少なさや見通しの立たなさ、個人としてこれからどう対応するのが最善なのか判断できないことなどによる旅客の不満を和らげることもできる。適宜適切な情報が発信されることで旅客に安心感をもたらすとともに、スタッフに対する状況確認や問い合わせなどの減少が期待でき、この面でもさらなる業務負担軽減が見込まれる。

　そのためにもまずは、空港内における場所、時間ごとの旅客の混雑状況及びフローの情報を、分析できる形で収集する必要がある。従来はチェックイン、搭乗といった特定のポイントでしか旅客の動向を把握していなかったが、これからは前述したPFMによってターミナル内の至る所でフローを捉えるようになる。PFMは既に海外の大小さまざまな空港で導入され、実績を上げている。他のシステムも、AOSは北京国際空港など中国の主要空港、APPSはデンマークのビルン空港など欧州各地、セキュリティはロサンゼルスやワシントン・ダレス空港といった米国主要空港で実績を有し、オリンピックなど大規模イベントに伴う旅客急増やテロ対策のための新たな要件にも対応してきた。制度面などの違いはあれ、航空旅客の急増は日本よりLCCの拡大がいち早く進んだ欧州やアジアの空港で先行しており、海外で実績を積んだ同社のソリューションがいま、上下一体運営が進む日本の空港で、満を持して適用される段階になったのだ。

　ソリューションを導入した空港ではエアライン各社や空港ビジネスに関わるさまざまな分野の企業から情報を適宜収集し、AODBに集約、蓄積していく。これらの収集・管理・分析により、仮に就航路線の撤退といった事態に見舞われても、影響の予測、代わりとなる路線の誘致と適

切な就航条件の提示、施設割り当ての調整など対策を迅速円滑に進めて、損失を最小化することができる。言わば、空港会社の意思決定とその実行をトータルでサポートするソリューションと言えるだろう。何よりも、旅客増に既存施設の取扱能力を高めて対応し、施設拡張に伴う巨額の支出を抑制し得るという強みがある。日本ユニシスのソリューションを導入することで、民営化が進む中、空港会社が主体的な管理・運営を実現し、インフラとしての使命を果たしながら収益性向上を図れるようになるのだ。

「空港運営のためのITソリューション」活用のイメージ

　訪日旅客の大半が最初と最後に日本に触れる場所である空港は日本の印象をも左右する。空港におけるITソリューションの活用は、空港運営はもちろん、スムーズな発着の提供を通じ観光立国にも貢献するはずだ。さらに、空港のシステムが地域の交通機関や店舗、観光施設などでの情報提供にも利用されるようになれば旅客への対応が向上するのみならず、旅客が帰路を急ぐことなく地域に滞在でき、より多くの収入機会がもたらされるだろう。「空港運営のためのITソリューション」が活用され、空港が地域における情報連動・共有のエコシステムの核となることで、観光も新たな段階に進化していくのではないだろうか。

企業の取り組み

三菱重工業株式会社

バリアフリー搭乗橋の普及で乗客の安全と快適性を確保
―― ステップレスPBBの普及促進に向けて

安全性の盲点となる、搭乗橋内の段差

　航空機が空港に到着し、機体のドアが開いて搭乗橋（PBB＝パッセンジャーボーディングブリッジ）に踏み出しエアターミナルに向かう瞬間は、旅行者にはまさに旅の第一歩であり、この先の旅程に胸が躍る瞬間でもある。また旅から帰る旅行者にとっても、搭乗橋を通って飛行機に乗る過程は、自分が旅した土地が思い出になる大切なプロセスの一部でもある。通常、ターミナルと航空機を結ぶ搭乗橋を歩行するとき利用者は足元を意識しながら通ることはまれで、だからこそこのわずかな間で転倒やつまづきなどのアクシデントが発生してはならない。旅の最初でトラブルが起こればその後の行程に支障をきたす恐れもあり、最後に起これば旅全体の印象を損ねてしまう。誰もが、ごく自然に、何事もなく通り過ぎていけるのが搭乗橋の本来機能と言えるだろう。

　しかし、これまでの搭乗橋はターミナルと航空機を結ぶトンネル内の繋ぎ部や両サイド部にある排水用雨樋部に段差があり、車いすの通行困難、キャスター付き鞄の引っ掛かり、つまづき等の危険性があった。

　搭乗橋は通常、断面サイズが異なる2～3個の直方体トンネルで通路を構成するが、従来の構造は大枠のトンネル通路と小枠のトンネル通路がスライドして伸び縮みする構造であるため、トンネル内の接続部分に段差が生じ、その部分に渡り板を置いて緩やかなスロープとするのが一

般的である。

　国土交通省の旅客搭乗橋の安全ガイドラインによれば、渡り板部分を除き勾配は12分の1以下が基準とされているが、移動を円滑化するためにも可能な限り緩やかにすることとなっている。しかし、トンネル接続部の渡り板部分では、この12分の1勾配を超えていた。距離にしてはわずか数歩の傾斜だが、これを乗客の立場で捉えるとどうか。機内で長らく座っていたあと、また時差の影響などで、時として足元がおぼつかない場合、トンネル内に部分的に勾配が急なスロープがあるとやはりつまづきやすい。

　また、トンネル内の両サイドに排水用の雨どいを通す必要があり、雨樋の段差でもつまづく危険性があった。

　このように安全上の確保の面からも、またあらゆる場面でユニバーサルデザインが求められる今日においても、この段差の解消およびトンネ

Company Profile

【三菱重工業㈱】
所 在 地 ▶東京都港区港南 2-16-5
（本社）　　TEL：03-6716-3111
代 表 者 ▶代表取締役社長　宮永俊一
設　　立 ▶1884年7月7日
資 本 金 ▶2656億円
従業員数 ▶8万2728人（連結：2017年3月31日現在）
ウェブサイト ▶http://www.mhi.co.jp

【三菱重工交通機器エンジニアリング㈱】
所 在 地 ▶広島県三原市糸崎南 1-1-1
（本社）　　TEL：0848-67-7340
代 表 者 ▶代表取締役社長　坂本一秀
設　　立 ▶1987年4月1日
資 本 金 ▶3億円
従業員数 ▶662人（2017年5月31日現在）
ウェブサイト ▶http://www.mhi-tes.co.jp

沿革

沿革		
1969	:	オランダ Fokker社と技提　アルミタイプPBBを商品化
1978	:	鉄製PBBを開発（MHI　自主技術）
～2007	:	MHI製PBB　　合計503基
2008	:	TESへ製品移管
2010	:	ステップレスPBB開発・初号機納入
～現在	:	TES製PBB 180基　合計683基

実績

製造元	納入先	納入台数
三菱重工業㈱	国内	361 基
	海外	142 基
三菱重工 交通機器エンジニアリング㈱（MHI-TES）	国内	178 基
	海外	2 基
	合計	683 基

(2017/7現在　含：製作中)

■国内での稼働PBBシェアー　：　約50%

■国内サービス拠点　　　　　：　7拠点

　北海道、　羽田、　大阪

　広島、　福岡、　鹿児島、　那覇

ル内の両サイドの雨樋によるトラブル解消は重要な課題の一つだった。

　三菱重工業は1969年から搭乗橋の開発と商品化の実績を積み上げ、2008年に三菱重工交通機器エンジニアリング㈱（三菱重工業100％出資）にその技術を移管した。2009年、同社に対し空港ビル会社から「段差のない搭乗橋を開発、商品化してほしい」との強いニーズが寄せられステップレスPBBの開発に着手、1年かけて製品化に成功し、2010年7月に、まず羽田空港国際線に最初のステップレスPBB 21機を納入した。その結果、従来型搭乗橋において懸念されていた安全性や快適性が大きく向上したとして高い評価を得、その後も次々と納入台数を増やし、2017年3月の時点で国内外合わせ72基を納入、さらに37基の受注が決まっているなど、着実に実績を伸ばしている。

トンネル床のフルフラット化を実現

　長らく段差の解消ができなかった問題を、同社のステップレスPBBはどのような構造で解決したのか。

何より、トンネル内の渡り板と雨樋による段差を無くすことが最大のテーマとなった。そこで同社は、大トンネルの床面を、いわゆる"動く歩道"などに使われている可動式のスキッドコンベア状にすることで、小トンネルの通路床との接続分を合わせ、高さの同一レベル化を実現。段差を完全に解消し、搭乗橋全域で12分の１勾配の基準もクリアした。

　また接続部の完全フラット化を実現したのに伴い、通路両端の雨どいもスキッドで覆うことで、通路全体のフルフラット化を実現した。これにより、長い空路のあとも、乗客は何ら足元の不安なくターミナルへ歩を進めることが可能になった。車いす利用の乗客、および補助する人にとってはわずかな段差も注意すべきポイントだったがこれも解消、車いすの乗客が不安なく旅の始まりを楽しめる、完全バリアフリーになっている。

　さらに歩廊全体を貫く手すりも通路に合わせて段差なく水平一直線に、そして搭乗橋自体が壁面で遮蔽されていると圧迫感を覚えるため、ガラス製のPPBも用意、機内から空港へ太陽光を受けながらの開放的な第一歩となる。ステップレスPBBにより搭乗橋はターミナルへ向かう通路であると同時に"おもてなしの空間"として進化した。

　長年の課題を解決に導いたのは、むしろ"シンプルにする"という発想。大小トンネル同士の段差を無くす際、新たな装置や機能を追加して調整すると発想しがちだが、逆に付属の装置類を増やすことで故障や不具合発生の頻度も高まることになる。また新たな装置や機能を追加することによってコストがかさむのも不可避となり、商品としての普及の余地が狭まってしまう。そこで、トンネルの伸縮に合わせて短冊状に繋がれた床板（スキッド）を折り返して引き込み、押し出しをしているのみで、特別な装置や仕掛けは特に無く、単純な構造に到達した。

　また、故障の可能性が少ないということは耐久性向上や長寿命化にも直結し、長期間の安定稼働を可能としている。

故障リスクを低減させつつ万全のメンテナンス体制

　こうした観点に基づき導入されたステップレスPBBは、2010年7月の初号機納入から今日まで大きなトラブルの発生はなく、既納機の稼働率（供用すべき時間から不具合等で供用できなかった時間を引き、搭乗橋の供用すべき時間で割った率）は99.99％レベルに達している。信頼性は十二分に確保されたと言ってよいだろう。

　乗客にとっては安全で快適、空港関係者にとっては故障が少なく長期の使用に耐え得るという利点を重視するのは、国の別を問わない。2015年4月から台湾の桃園空港にも前述したガラス張りのステップレスPPBを納入しており現地の評価も上々だという。右肩上がりを続けるインバウンドのうち台湾を含め東アジアからの訪日比率は非常に高く、2020東京オリンピック・パラリンピックに向けてさらなる増加が見込まれることから、航空機で訪れる乗客の間でステップレスPBBの評価は一層高ま

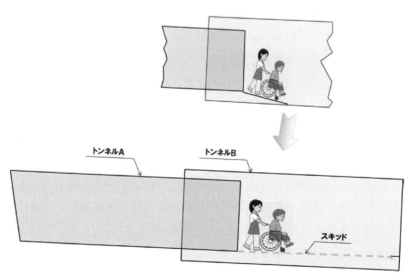

ステップレス機構

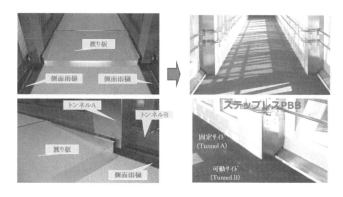

・渡り板を排除し 完全フルフラット　　→乗客のつまづき防止

・歩廊 両側に有った雨樋 排除　　　　→歩廊幅拡大、美観向上、つまづき防止

〈概観〉

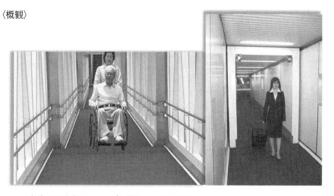

・ 車椅子の乗客のスムーズな昇降。（バリアフリー）
・ キャリーバック搬送時の障害物排除

〈快適性〉

ると想定される。

　故障発生リスクが低いとはいえ、それはメンテナンスをおろそかにしていいという理由には全くならない。同社では納入と同時に万全のメンテナンス対応を整備し、安全かつ円滑な使用状態を保持し続けている。現在、北海道、羽田、大阪、広島、福岡、鹿児島、那覇の7カ所に国内サービス拠点を置き、各拠点には搭乗橋メンテナンス要員が駐在、各空

企業の取り組み

〈内装〉フルフラットの床（ステップレスで段差が無く、両サイドの幅の広い雨樋も無い）。さらに歩廊全体に渡って手摺を一直線に配置。

〈外観〉開放感のある外観（ガラス製の場合）

港における各種搭乗橋のメンテナンス業務を行っている。また万が一、搭乗橋に不具合が発生した場合には各拠点が迅速な対応を取る体制を敷くなど、不測の事態に対しても備えは万全だ。

　同社は現在、これらメンテナンスを、ステップレスPBBの新規受注に始まり納品や更新といった一連のサイクルの中に組み込み、顧客に提案している。搭乗橋新設からメンテナンスまで一貫した取り組みで長期ライフサイクルコストを低減し、PBBの増設や更新のニーズに応えるだけでなく、日常的にステップレスPBBを使用する空港ビル会社の信頼性と安心感向上に貢献していく構えだ。今後、海外においてもバリアフリー化への要請や快適性の追求はさらに高まりを見せると想定されることか

ら、同社のステップレスPBBが海外市場でも着目される日は遠くないのではないだろうか。2020年にかけて年々増えていく訪日外国人旅行者が、航空機から踏み出す第一歩の瞬間から空港に好印象を抱いてくれれば、やがて出身国・地域の空港にも印象度の向上を求め、それが空港会社からステップレスPBBへの需要につながる可能性が考えられる。

　そしてバリアフリー指向は、国内外問わず主要空港だけでなく地方空港でも高まると考えられることから、今後は地方空港での対応も一つのカギとなるだろう。地方では小型機が就航する比率が高く、現在こうした小型機の搭乗は直接、搭乗橋を機体に接機できないケースが多いため、乗客はタラップを降り、エプロンの上を歩く必要がある。荒天の場合はわずかな間でも風雨にさらされることになり、乗客にとっては少なからずストレスを感じる状況となる。また車いす利用の乗客に対しては特殊昇降機などを使用することになるが、昇降には一定の時間を要し、また不安を感じさせるという課題があった。

　そこで同社ではこれらの課題を解決すべく、乗客がエプロンを歩かなくても済むよう、小型機、中型機ともに接機して、搭乗橋を使って乗り降りできる新型の搭乗橋を開発しているという。これが製品化され、導入されたあかつきには、地方空港において乗客が航空機から乗り降りする状況が大きく変化し、地方空港に対する国内外の旅行者からの印象も劇的に上向くのではないだろうか。

　ターミナルと航空機を結ぶ通路の段差は、多くの乗客にとって何気なく通り過ぎてしまうようなわずかな障害箇所かもしれないが、ふとしたはずみで思わぬ事態につながりかねない。その懸念を解消するため製品開発に取り組んできた同社の取り組みが、今着実に広がりを見せようとしている。数年後には乗客全員がフルフラットの通路を通り快適な旅をしている光景が多くの空港で見られるかも知れない。

企業の取り組み
Peach Aviation株式会社

「圧倒的」コンセプトで、日本のLCCを牽引

女性比率50%以上、若者に人気の航空会社

　Peach Aviation株式会社（以下Peach）は、2011年2月に会社設立、2012年3月1日に航空機3機で関西空港から札幌線と福岡線の2路線を開設し、同年5月に初の国際線となる大阪（関西）—ソウル（仁川）線の運航を始めた。

　那覇空港を第二拠点と位置付け、2013年9月の沖縄（那覇）—台北（桃園）線を皮切りに、国際線4路線（仁川、台北、香港、バンコク）、国内線2路線（関西、福岡）の運航を行っている。2017年7月時点で航空機は19機。国内線12路線、国際線13路線、1日約90便以上の運航を行っており、国内線と国際線を運航する会社としては国内第3位の運航規模に成長した。

　さらに2017年9月には仙台空港の拠点化を開始し、これまで運航していた仙台—大阪（関西）線に加え、新たに国内線1路線（札幌線）、国際線1路線（台北線）を運航。また、2018年度からの新千歳空港の拠点化に向けて、札幌（新千歳）—福岡線、ならびに台北（桃園）線の運航を2017年9月より開始する。

　会社設立当初から早期の黒字化を目指していたPeachが、運航開始するまでの期間は約1年。路線開設、国際線進出、機材導入など、1年間で進めた事業スピードはLCC先進国の欧米では珍しい事ではないが、日本の航空会社としては速い。Peachの株主はANAHD（67.0%）、株式会社産業革新機構（15.1%）、First Eastern Aviation Holdings（17.9%）

2012年3月就航時の関西空港エアロプラザ。

で、2017年4月にANAHDの持ち株比率がそれまでの38.7%から67.0%になったことでPeachはANAHDの連結子会社になっているが、Peachは会社設立前の構想段階から、親会社とは経営・営業面では一線を画し、独立して事業を行うことを目指してきており、主要創業メンバーはANAを退職し準備にあたるなど、経営方針、価格戦略やブランディングはANAとは全く異なる。その結果、主要顧客層である女性の比率が50%以上、さらには年齢が20〜30代の個人旅行客であることなど、フルサービスキャリア（以下FSC）とは異なる「新しい概念の航空会社」として、差別化や新規顧客の開拓に成功。会社設立3年目（就航2年目）で黒字化を達成、会社設立5年目で累損を解消した。2016年度決算も好調で4期連続増収増益を達成し、営業利益率も航空会社としては極めて高い

Company Profile

所 在 地 ▶ 〒549-0011　大阪府泉南郡田尻町泉州空港中1番地
代 表 者 ▶ 代表取締役CEO　井上慎一
設　　立 ▶ 2011年2月10日
資 本 金 ▶ 75億1505万円
従業員数 ▶ 926名（2017年4月現在）

〈Peach路線図〉

12％台を維持し、日本のLCCの中では唯一安定経営を続けている。経営の安定は路線維持、さらなる安全性向上の両面から極めて重要だと言える。

総旅客2500万人！ 関空の勢いを牽引

　関西空港は、日本初の24時間空港として1994年9月4日に一本の滑走路で開港した。その後2本目の滑走路が2007年9月1日に供用され、滑走路保守点検のために空港を止めることなく完全24時間空港にはなったものの、首都圏空港の発着枠拡大、伊丹空港の存続や神戸空港開港などの環境変化を受け発着回数は伸び悩んでいた。Peachが関西空港をメインベースにしようと考え始めたのは、会社設立の2011年より以前だが、当初は巨大なマーケットを抱える首都圏の空港をメインベースにした方が早期に黒字化できるという考えもあったという。

　しかし、「都心に近い混雑空港を避け郊外のセカンダリー空港を使用すること」で成功している海外のLCCを研究する中で、LCCの生命線である「高い機材稼働と就航率」を実現するために「適度な混雑度で24時間運用できる空港が必要であること」や、「片道4時間圏内の路線で勝負するには少しでもアジアに近い方が路線展開しやすいこと」、加えて「京都や奈良という世界的観光地、大阪や神戸という巨大都市に自然あふれる和歌山という魅力いっぱいの関西地域のポテンシャルへの期待」などを勘案した結果、関西空港をメインベースとすることとした。

　Peach就航より少し前に関西空港では外航LCCが就航していたが、本

邦LCCによる国内線ネットワークの充実は、関西地域の利用者の利便性向上のみならず、さらなる国際線就航の呼び水にもなる。その観点からも、Peachの拠点化により関西空港の存在価値は大きく高まった。Peach就航後、国内外のLCCの就航が急激に増加し、今では国内で最も多くのLCCが就航する空港になっている。

関西空港では2016年に国内線と国際線合わせて2520万人以上の総旅客数を記録し、開港以来過去最高を更新。関西空港建設構想は1960年代から始まったが、半世紀以上も経過し今や関西空港はPeachのみならず日本のインバウンド旅客誘致のけん引役として無くてはならない空港になっている。50年以上前に将来を展望し、空港建設に向けて奔走した関係者の方々、早々にLCCターミナルの建設を決断した新関西空港株式会社や、空港を支えてきた関西の財界はまことに慧眼だったと言える。

地域観光モデルを確立する「圧倒的」事業コンセプト

　Peachの事業展開において重要なコンセプトは、「すべてにおいて圧倒的であること」。運賃も「ちょっと安い」ではなく、「圧倒的に安い」ことに一途だ。「おおむね安全」ではなくて「圧倒的に安全」であることを貫く。コストマネジメントも「圧倒的に合理的」であることを目指す。Peachの戦略「コアストラテジー」とはどのようなものか。

① **コストマネジメントの徹底**

　同社では、最先端技術を取り入れた省力化の推進とシンプルな手順の徹

フーシアピンクの鮮やかな機体。

段ボール製チェックイン機。

底、機材稼働向上による相対的コスト抑制などのコストマネジメントを徹底。単なる一過性のコストカットでは意味がないと言い切る。

② ブランディングの明確化と浸透

同社では「Share Happiness!」をテーマに、顧客もビジネスパートナーも社員もみんなハッピーに！を掲げる。ピーチピンクの機体や制服など目に見えるブランドのみならず、顧客にPeachブランドを感じてもらうために、まずは社員へのブランド意識浸透を目指し、「社員向けファミリーイベント」の開催、「新入社員歓迎Peach Pub」や「内定者懇親会Party」、「社員向け夏フェス」などに取り組み、一人ひとりの社員がPeachブランドそのものになるよう取り組んでいる。

③ イノベーションによる新しいアイデアやコンセプトの導入

シンプル＆スピーディなチェックイン機の外枠素材は段ボール、AI（人工知能）を活用した自動音声対応のコールセンタートライアル、分散型エッジコンピューティング基盤とAIを活用したデータ管理の実証実験を通して最高峰の情報セキュリティを検証するなど、常に斬新な発想と実行力は、業界の最先端を走っている。

④ 絶対的な安全運航と高い運航品質

絶対的な安全推進体制の構築、新造機の導入、経験豊かな技術系人材の確保、最高の保安基準を満たすセキュリティ機器の積極的導入（関空のスマートレーン、ボディスキャナー）、ANAによる技術支援の活用による保安・安全面の強化などにより高い安全性と日本トップクラス

(99.2%)の就航率を同社は維持している。

⑤ 事業展開のコア「関西モデル」

　Peachは単に航空機を飛ばす運航会社にとどまらず、「関西モデル」というビジネスモデルをつくり、「空港会社」・「地元企業（公共交通機関等）」・「自治体や関係団体」とPeachというステークホルダー４者が一体となり「The 関西モデル　みんなもうかりまっせ！」を展開している。

　LCCの利用者は個人旅行客が中心で、FSC利用者とは行動パターンが異なる。個人客が旅先で行動するには、無料Wi-Fiの普及をはじめ、二次交通としての鉄道、路線バスやタクシー、レンタカーなど、目的地までの動線も必要となる。特に24時間空港では深夜の二次交通の存在は非常に大きな意味を持つ。さらに、最近はSNSを活用して自分の興味のある目的地を見つける個人旅行客が増え、それら旅行客の行動パターンを探り、受け入れ体制を整える必要もある。LCC利用者の受け入れ体制をつくることは、同時にその地域の方々の生活交通手段の確保にもつながり、住みやすい地域が形成される。そこには定住者も増え、定住者や観光客の増加は産業の振興につながる。産業の振興による地域創生は一過性の観光地化による創生とは異なり、永続的なものとなる。

　Peachが進める「The 関西モデル」とは、まずはLCCで空港に来てもらう（空港運営会社の収入の獲得）、そして地元企業が整備した交通モードや宿泊施設を利用してもらい（地元企業の収益向上）、そこに対して自治体やさまざまな団体が支援をする（税収も上がり自治体も潤い公共インフラ整備が進む）、そうなることで航空会社がさらに運航便を拡大するという正のスパイラルを回していくことが大きな目的。このスパイラルが回り出すと、地域の交通機関や産業が復活し、人口も増え、地域の活性化が実現するというもの。関西で始めたこのモデルは、Peachが第二拠点と位置付ける沖縄でも始まっており、今後は東北、北海道へ、そして全国に展開していく計画だ。

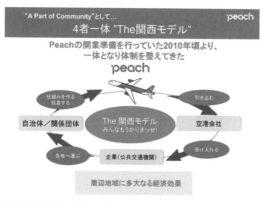

「関西モデル」のイメージ。

Peachを支えるダイバーシティ人材戦略

　永続的な発展を支えるためには「人材」も非常に大事だ。Peachの技術部門のスタッフは航空業界の経験者であるスペシャリスト集団だが、営業部門は航空会社以外から転職してきた社員が多く、また外国人スタッフも多い。一方で、運航乗務員や整備など将来不足することが予測されるリソースは会社設立以来、自社での養成に取り組んでいる。今後の発展に向けて2018年度入社からは新卒の総合職技術系社員の採用を開始。若い新入社員、さまざまな業界のプロフェッショナル、全社員の約55％を占める女性社員、約10％を占める22カ国からの外国人社員など多様な人材の積極的活用は、同社の斬新なビジネスアイデアの創造に貢献している。

5年で360回の利用者も！　LCCが拡大する航空需要

　本邦LCCは、毎年急速な成長を遂げてきた。少子高齢化の影響で国内需要の減少が見通されるなか、2020年以後はどのようになるのか。

Peachでは、日本の国内航空需要はますます増加するという極めて楽観的な予測を立てている。安価な運賃を提供することで、これまで飛行機に乗った経験のない人や年に1回程度しか乗らなかった人が2回、3回と飛行機に乗る頻度を増やしていく可能性がある。現にPeachが就航した2012年3月から2017年2月までの最多搭乗者はこれまでに360回以上という。毎月故郷の墓参りに行く高齢の方、毎週家に帰る単身赴任の男性、離れて暮らす大学生の子供を毎月訪ねるご夫婦など、LCCの登場によって飛行機は非常に身近な交通手段になった。

また、空港の24時間化に合わせ深夜早朝に運航することで、昼間しか利用しなかった人が夜間帯にも利用する可能性もあり、人口は減っても搭乗回数が増えれば航空需要は拡大することになる。加えて政府の「2020年に訪日外国人4000万人を迎え入れる」という目標もあり、今後はさらに国内流動する外国人は増える。海外では総旅客数の30％程度はLCCが担っているという。日本ではまだ10％ほどだが、総需要の拡大とともにLCC利用旅客数は確実に増加するはずだ。

今後は、「多少運賃が高くても利便性の良いFSCを使う人・使う時もあれば、運賃の安さを求めてLCCを使う人・使う時も増えてくる」という構図になることが予見される。人口減の影響を直接受けるFSC旅客の割合は若干低下するが、潜在需要の顕在化に合わせてLCC旅客の割合が増えれば、総旅客数が増加する。

日本のFSC国内線は収益性の高い路線や時間帯に需要に見合った機材を投入する一方、さらなるインバウンド旅客増加に対応するため中長距離国際線の拡大と機材大型化による収入の拡大で収益性は向上し、一方のLCCは圧倒的な低運賃で近距離アジアや地方国内線へのネットワーク展開を行い、収益性を向上させることで、FSCとLCCの共存は可能とPeachは見る。LCCとFSCの両者が日本全体の航空輸送量を増大させることで「地方創生」と「観光立国」が実現するはずだ。

[監修]
山内弘隆（やまうち・ひろたか）

1955年生まれ、千葉県出身。慶應義塾大学商学部卒業後、慶應義塾大学大学院商学研究科博士課程修了後、92年一橋大学商学部助教授、98年教授、2005年一橋大学大学院商学研究科研究科長兼商学部学部長、09年一橋大学大学院商学研究科教授、16年6月より（一財）運輸総合研究所所長を兼任。現在、財務省財政制度審議会委員会、総務省情報通信審議会委員、国土交通省交通政策審議会臨時委員、経済産業省総合エネルギー調査会委員を務める。主な著書に『航空輸送』（増井健一慶應義塾大学名誉教授と共著、1990年）、『講座・公的規制と産業④交通』（金本良嗣と共著、1995年）、『航空運賃の攻防』（2000年）、『交通経済学』（竹内健蔵東京女子大学教授と共著、2002年）、『公共の経済・経営学—市場と組織からのアプローチ』（2012年）、『運輸・交通における民間活用—PPP/PFIのファイナンスとガバナンス』（2014年）など多数。

はばたけ！　観光立国
インバウンド4000万人時代の国、地方、空港

2017年10月13日　第1刷発行

監修――――山内弘隆
写真――――五十嵐秀幸（帯、「発刊に寄せて」）
　　――――児玉大輔（「特別座談会」）

イラスト――岩松　栞（金沢美術工芸大学視覚デザイン専攻）

発行者――――米盛康正
発行所――――株式会社　時評社
　　　　　〒100-0013　東京都千代田区霞が関3-4-2　商工会館・弁理士会館ビル
　　　　　電話：03(3580)6633　FAX：03(3580)6634
　　　　　https://www.jihyo.co.jp

印刷――――株式会社　太平印刷社

©2017　時評社
ISBN978-4-88339-242-1

落丁・乱丁本はお手数ですが小社宛てにお送りください。小社負担にてお取り換えいたします。ただし、古書店で購入されたものについてはお取り換えできません。
無断転載・複製を禁ず
Printed in Japan